教育心理学メモランダム

橋本和幸 著

ムイスリ出版

はじめに

　この本は、筆者が勤務先での下記の仕事で使った講義ノートや配布資料を、加筆修正してまとめたものです。

- ➤ 学校教員養成課程の教育心理学や教育相談の講義
- ➤ 理学療法士の教育基礎分野で教育心理学の講義
- ➤ 教員採用試験（教育心理）の試験対策講座
- ➤ 健康運動指導士試験の行動変容・メンタルヘルスなどの試験対策講座

　つまり、本書は教育心理学分野でよく出る語句やその説明が書かれたものになっています。

　このため、この本はわからない語句が出てきたときに辞書のように調べることができます。また、それぞれの語句を 50 音順ではなくテーマごとにまとめているので、1 つの語句を調べると、関連する語句をついでに目にすることができます。この結果、様々な語句の関連づけを行いやすく、効率良く覚えることができるのではないかと考えます。

　以上のように調べものに使う以外にも、学校教員、管理職、競技の指導者、トレーナー、リハビリテーションの担当者、または子育てなどで、自分が教育・指導をする立場になった時にヒントを得るという使い方もできるのではないかと考えています。

　読者がこの本を使って効率よく勉強ができるように期待しています。

2021 年 9 月

橋本和幸

目次

第 1 章　教育心理学とは

1.1　教育心理学の定義

　教育心理学とは、教育の問題を心理学的に研究し、それによって教育を科学的、合理的に行い、教育の能率を高めようとする学問です（辰野ら, 1986）。心理学の知識や技術を教育場面に適用する応用心理学の 1 つと見なされたり、教育を行う際に起きる様々な問題がまずあって、それらを理解・解決していくために研究をする独自の体系をもつ科学と見なされたりします。

　教育心理学が扱う内容は、一般的に学習、発達、評価、パーソナリティと適応の 4 つの領域を柱としていると考えられています。

1.2　教育心理学の内容

（1）教育心理学の 4 本柱

　先ほど挙げた教育心理学の主要 4 領域では、次のことを扱います。

　学習では、経験による行動の変容を扱います。例えば、学習の原理や学習場面に心理学を適用することなどを説明します。

　発達では、心の様々な機能の発達の原理や、発達原理に基づく心の発達の測定や理解を扱います。

　評価では、教育や学習の過程やその成果を検討します。

　パーソナリティと適応では、環境に対する適応行動を決定する主体であるパーソナリティと、人や動物と環境が調和した関係を保つ適応を扱います。

（2）領域を広げる教育心理学

　教育心理学の研究対象は、前出の 4 領域から広がっています。例えば、動機づけ、学級集団、障害、指導者、教授、教育相談、生徒指導、カリキュラムなども含まれます。

　さらに、これらの領域にまたがって学校教育の問題を扱うものに、学校心理学というものがあります。

1.3　心理学の歴史

　ここでは、まず心理学全体の歴史を紹介します。

（1）構成心理学

　現在にも通じる科学的方法での心理学の研究は、1879年にドイツの**ヴント**(1832-1920)がライプチヒ大学に心理学研究室を開設したことによって始まったとされています。

　ヴントらは、心は意志、感情、感覚などの細かい要素が結合したものであると考えました。その要素を当事者の内観によって明らかにすることで、複雑な精神現象を説明しようとしました。

（2）精神分析学

　オーストリアの精神科医**フロイト**(1856-1939)が、臨床事例研究から提唱した考え方で、乳幼児期の親子関係と無意識の働きを重視します。フロイトの考え方を引き継いだ人たちには、自我心理学派の**アンナ・フロイト**(1895-1982, オーストリア→イギリス)ら、対象関係論の**クライン**(1882-1960, オーストリア→イギリス)ら、中間学派の**ウィニコット**(1896-1971, イギリス)らがいます。

　さらに、フロイトを批判して分かれた、**ユング**(1875-1961, スイス)による**分析心理学**、**アドラー**(1870-1937, オーストリア)による**個人心理学**、**フロム**(1900-80, ドイツ→アメリカ)らの**新フロイト派**などがあります。

（3）行動主義

　対象者の内観ではなく、客観的に観察可能な行動を重視する考え方で、アメリカの**ワトソン**(1878-1958)らによって提唱されました。行動を**刺激**(S)と**反応**(R)の連合としてとらえます。複雑な行動もその連鎖で説明しました。

アメリカの**ハル**(1884-1952)らは、刺激と反応の間に生体の要求や習慣という直接観察できない要素を設定する**新行動主義**を提唱しました。

（４）ゲシュタルト心理学
ドイツの**ウェルトハイマー**(1880-1934)が行った知覚実験が始まりとされます。人が経験する現象はバラバラの刺激が集まった総和ではなく、1 つのまとまりをもったもの（これをゲシュタルトという）として知覚されると考えました。例えば、図 1.1 には 6 個の黒丸がありますが、間隔の広さの違いから、2 個の黒丸のペアが 3 組あるように見えます。

図1.1　ゲシュタルトの例（群化の法則）

ゲシュタルト心理学では、構成心理学のように心を要素に分けて考えません。代表的な研究者には、**ケーラー**(1887-1967，ドイツ→アメリカ)や**コフカ**(1886-1941，ドイツ)らがいます。

（５）人間性心理学
精神分析学は人間の病的側面を、行動主義は客観的な法則を強調し過ぎると批判して、人間の主観的な経験を重視して、生きる意味や価値の発見を目指したものです。20 世紀初めのヨーロッパの実存主義哲学の影響を受けています。（外林ら，1981；今泉，1991）

代表的な研究者には、アメリカの**ロジャーズ**(1902-87)や**マズロー**(1908-70)がいます。

1. 4 教育心理学の歴史

　ここでは、教育に心理学を用いた歴史を紹介します。まず、教育の方法に心理学を用いた人物として、ドイツの**ヘルバルト**(1776-1841)が挙げられます。

　その後、19 世紀の終わりから 20 世紀にかけて、教育への心理学の適用がより体系的・実証的にされました。例えば、1899 年にアメリカの**ジェームス**(1842-1910)が教師向けの心理学の本を刊行しました。さらに、ヴントに学んだドイツの**モイマン**(1862-1915)が 1900 年に「実験教育学」、1903 年にアメリカの**ソーンダイク**(1874-1949)が「教育心理学」をそれぞれ刊行したことから、実証的な教育心理学が始まったとされています。(辰野ら，1986)

第 2 章 学習

2.1 学習とは

（1）学習とは

　学習とは、経験によって生じる比較的永続的な行動の変容と定義されます。心理学で想定する学習は、学校教育の教科内容を理解することだけではなく、運動技能の向上、礼儀作法の体得、特定の人や事物を好きあるいは嫌いになることなど、経験による変化全てが当てはまります。

（2）学習で変容するもの

　学習による行動の変容には、「経験」「比較的永続的」「心的過程」の3点が関わっています。例えば、加齢による行動の変容は、特定の経験に基づくものではないので学習ではありません。また、アルコールの影響で気が大きくなったのは、比較的永続的な変化ではないので学習ではありません。さらに、ウェートトレーニングで筋力アップしたことは、直接的には心的過程が関わっていないので、学習ではありません。

（3）動物と学習

　学習は、ヒトだけではなくそれ以外の動物にも起きると考えられます。例えば、犬が飼い主にしっぽを振ることは、飼い主の姿やにおいと、餌、遊び、スキンシップなどの経験が結びついているからです。

　学習の研究では、種を超えて見られる学習の諸活動を研究するために、ヒトだけではなく、ネズミやハトのように、入手しやすく過去経験を統制しやすい動物を実験に用いることがあります。

2.2 学習理論

（1）連合説と認知説

　学習がどのように成立するかを説明する理論には、大きく**連合説**（S-R 学習）と**認知説**（S-S 学習）があります。

　連合説は、学習とは**刺激**（Stimulus）に対して新しい**反応**（Response）を連合させる（結びつける）ことであると考えます。例えば、古典的条件づけ、オペラント条件づけ、試行錯誤説などがあります。

　認知説は、学習とは認知構造（ものの見方）が変化することと考えます。2 つの S は Sign（記号）と Significate（意味するもの）の頭文字で、学習は「○○をすれば(sign)、△△になる(significate)」という見通しや期待を獲得することと考えます。例えば、洞察説、サイン・ゲシュタルト説、場理論などがあります。

（2）連合説
1）古典的条件づけ
①概要
　古典的条件づけとは、ロシアの生理学者**パヴロフ**(1849-1936)によって発見された学習です。学習の中でも最も単純な現象の1つで、ヒトや犬などの哺乳類はもちろん、鳥類、魚類など他の脊椎動物や、扁形動物、環形動物でも確認されます。

②手続き
　古典的条件づけは、無条件刺激と条件刺激（ある特定の刺激）を対にして繰り返し提示することで、無条件刺激に反射的に生じていた無条件反応を、条件刺激だけ提示しても無条件刺激と同じ反応が起きるようにすることです。条件刺激に対して起きる反応を条件反応といいます。

③実験例

パヴロフによる犬の唾液分泌条件づけの実験（図 2.1 参照）や、**ワトソン**らによるアルバート坊やの実験（図 2.2 参照）などが挙げられます。

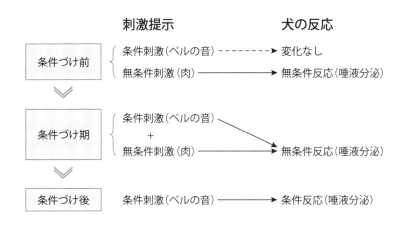

図2.1　パヴロフの実験による犬の古典的条件づけの成立過程

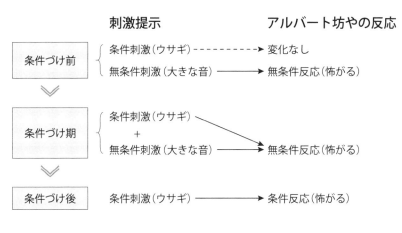

図2.2　ワトソンらの乳児への恐怖実験

　なお、条件刺激と無条件刺激を一緒に提示しない（例：音が鳴っても餌が出ない）と、条件づけによって獲得した行動が起きなくなります。これを**消去**といいます。

2）オペラント条件づけ（道具的条件づけ）

①概要

　直後に起こる環境変化から影響を受ける行動をオペラント反応といいます。オペラント反応が起きる過程を、**オペラント（道具的）条件づけ**といいます。オペラント条件づけの手続きでは、特定の自発的行動が、報酬を得られたり罰を回避できたりする道具になっています。つまり、特定の行動を行うことで良いことが起きます。

②手続き

　望ましいあるいは望ましくない行動が起こるたびに、それに続いて繰り返し報酬や罰（強化子、表 2.1 参照）を与えることで、その行動が起きる確率（生起率）を変えようとします。

表 2.1　報酬と罰の例

種類	報酬	罰
お金・物	お小遣い。賞金。おやつ。プレゼントする。	罰金。食事やおやつ抜き。物を取り上げる。
言葉がけ	ほめる。ねぎらう。	叱る。バカにする。
態度	頭をなでる。笑顔。	叩く。怖い表情。
仲間	仲間に入れる。	仲間外れにする。

　強化は、反応が起きる頻度を高める手続きです。このうち、望ましい結果が起こるように積極的に反応させる場合を正の強化、望ましくないことが起こらないように積極的に反応させる場合が負の強化です。一方、罰は反応が起きる頻度を低める手続きです。

なお、反応しても強化子（報酬と罰）を与えない（例：レバーを押しても餌が出ない）と、獲得した行動が起きなくなります。これを**消去**といいます。

③実験例

アメリカの**スキナー**(1904-90)は、スキナー箱（オペラント箱）という実験装置に実験動物を入れてオペラント条件づけの成立を研究しました。

この箱の中にある反応レバー（キー）を押すと餌が出てくる仕組みになっていました。実験動物は偶然レバーを押して餌を得られる経験をすると、餌を求めて自発的にレバーを押すようになりました。

3）試行錯誤説
①概要

試行錯誤とは、問題場面において、でたらめな反応を繰り返しているうちに偶然正しい反応に出会う過程のことです。新しい問題場面での学習者の偶然に行う正反応は強められ、誤反応は弱められ排除されるという過程を通じて学習が成立するという考え方を**試行錯誤説**といいます。

②実験例

ソーンダイクは、問題箱という複雑な仕掛けがある装置に猫を入れて、脱出するまでの行動を観察しました。その結果、経験とともに脱出時間が短くなりました。これは、脱出成功という満足をもたらす**刺激−反応**の連合は強まって頭に残り、脱出失敗という不満足や嫌悪をもたらす刺激—反応の連合は弱まって忘れられたと考えられます。ソーンダイクは、**効果の法則**と呼びました。

（3）認知説
1）洞察説

ケーラーによる説で、問題解決はあれこれと試行錯誤した結果ではなく、突然に起きるという考え方です。直面した問題を全体的に見通すこと（洞察）

によって、その構造や関係を理解し、回り道や道具を使うなどしているうちに、「**ああそうか**」**という体験**とともに突然に気づくとされています。ソーンダイクの試行錯誤説とは対立するものとされていました。

　ケーラーは、チンパンジーを用いて道具を組み立ててエサを取らせる実験の結果から提唱しました。さらに、洞察学習の能力は種によって異なっています。例えば、ヒトやチンパンジーでは見通せることでも、犬は条件によって見通せず、鶏では全く見通せないということがあります。

2）サイン・ゲシュタルト説

　アメリカの**トールマン**(1886-1959)による説で、学習とは生活体が新しい**サイン・ゲシュタルト**（記号形態）を形成することと考えます。サイン・ゲシュタルトとは、ある刺激を記号(sign)ととらえ、その記号が意味するもの(significate)を理解すると、何が何に導くのかという手段－目標関係が形成されるとします。そして、ある刺激(sign)が現れると、その先に起きること(significate)を期待して行動を起こすようになると考えます。

　このように、手段と目的の関係を知ることを認知地図といいます。この地図によって、環境条件に応じて適切な行動を選択できると考えます。

3）場理論

　場の概念を使った研究方法や考え方のことで、もとは物理学で発展したものをゲシュタルト心理学の立場で心理学に適用されました。代表的なものは2種類あります。

　第1に、**ケーラーやウェルトハイマー**が知覚、記憶、思考などの心的過程を大脳に場を想定して説明したものです。

　第2に、**レヴィン**(1890-1947，ドイツ→アメリカ)が個人とその周りの環境の総体である生活空間で、個人と環境が相互に働き合うことを数学的に説明したものです。

（4）観察学習

1）概要

　他者の行動やそれによって起きた結果を観察することを通して成立する行動や思考の変化を**観察学習**といいます。

　モデルとなる他者の観察は、直接その場で行うだけでなく、テレビやインターネットなどのメディアを通したものも効果があります。また、歴史上の人物やアニメのキャラクターなどもモデルになります。

2）模倣学習

　モデルの行動と同一あるいは類似の行動をするようになることを**模倣学習**といいます。アメリカの**ミラー**(1920-2002)と**タラード**(1900-80)は、他者の行動が刺激になって行動が起こり、それに強化が与えられることで学習が成立することを、幼児やネズミの実験で説明しました。

3）社会的学習理論

　アメリカの**バンデューラ**(1925-)は、モデルの行動を観察するだけで、直接行動を実行したり強化されたりしない場合でも観察学習が起きるとしました。これを**モデリング**といいます。モデリングには、学習する観察者が、①モデルに注意を向け、②モデルを記憶して、③行動を再生して、④これら3つをやる気になるという4段階があります。

　また、バンデューラの観察学習に関する理論を社会的学習理論といいます。この理論は、習慣、態度、道徳的行動などの社会的行動の学習を説明するための理論を指す場合と、他人を介して行われる社会的な場で生じる学習を説明するための理論を指す場合があります。バンデューラは、前者も含めた人間の社会的な場での学習を包括的に説明する理論として体系化しています。

2.3 学習の仕組み

（1）強化スケジュール

　オペラント条件づけにおける強化の与え方は、**連続強化**と**部分強化**に分けることができます。

　連続強化とは、全ての反応に強化を与えます。行動と強化の関係が明確になるため、条件づけの成立が速いとされます。一方で、強化を与えなくなると、条件反応の**消去**が起こりやすいとされます。

　部分強化は、反応に対して強化を与えたり与えなかったりすることです。行動と強化の関係が、連続強化ほどは明確でないため、連続強化に比べて条件づけが遅いとされます。一方、部分強化で訓練した行動は、連続強化での訓練よりも条件反応の消去が起こりにくいとされます。これを**部分強化効果**といいます。

表2.2　部分強化の種類

スケジュールの種類	強化のタイミング
定率　FR	反応が一定の回数に達した場合
変率　VR	強化を与える反応数は不規則
定時隔　FI	前の強化から一定時間達した後の反応
変時隔　VI	前の強化からある時間(不規則)経過した後の反応

（2）学習曲線

　学習曲線は、横軸に学習時間、縦軸に学習の成果を取って、時系列に沿ってパフォーマンスを図示したものです。単調増加し続けるわけではなく、成果が向上しない時期が続くことがあります。これを**プラトー**（高原状態）といいます。

　学習曲線の変化度合いによって、全習法と分習法、集中学習と分散学習の優劣が研究されてきました。

1）全習法と分習法

全習法は、学習課題の全部を一括して学習する方法です。**分習法**は、学習課題をいくつかに区切って少しずつ学習する方法です。例えば、紅白戦が全習法で、シュート練習が分習法です。

どちらの学習法が効果的かは、課題のまとまりや量、学習者の能力、学習の進行段階などで異なります。

2）集中学習と分散学習

集中学習は、ほとんど時間的に間断なく連続して、課題を繰り返し集中して練習することです。**分散学習**は、練習の間に休憩時間を挿入して一定量の学習を行う方法です。一般的には分散学習の方が効果的とされています。

（3）レディネス（準備性）

ある行動の習得に必要な条件が用意されている状態のことです。身体・神経の成熟、知識や技能、興味や動機が備わっていることをいいます。

学習の成果は成熟のレベルによって異なります。**成熟優位説**では、ある学習にはそれが最も効果的に行える時期があると考えます。一方、**学習優位説**では、どのような課題でも適切な方法を用いれば、どの時期でも学習させられると考えます。

（4）学習の転移

自分が既に習得した技能が、新しい技能を習得することに影響を与えることを**転移**といいます。既存の学習が良い影響を与える場合を正の転移といいます。一方、既存の学習が悪い影響を与える場合を負の転移といいます。

正の転移の例：テニスが上手だとラケットを使う競技も上手にできる

負の転移の例：レバーを下げると水が出る蛇口に慣れていると、レバーを上げると水が出る蛇口に戸惑う

　また、一方の手足で習得した技能や運動が、やったことのないもう一方の手足でも習得できることを**両側性転移**といいます。

（5）学習の構え（学習セット）

　アメリカの**ハーロウ**(1905-81)が提唱した現象です。同じか類似した課題を繰り返すと、回数を重ねるにつれて、問題解決が容易になります。そして、後の学習が促進されます。これは、同じ種類の問題に対する**構え**(set)、学習の仕方を覚えたからと考えました。

　ある特定の構えを持つことは、仮説や偏見を持つことにもつながります。

第3章 記憶

3.1 記憶とは

　記憶とは、記憶する材料を記銘し、保持し、再生することをいいます。記銘（符号化）とは、ある事柄を心に刻み込む機能です。保持（貯蔵）とは、記銘された内容が消え去らないように維持し続ける機能です。想起（検索）とは、保持されている内容を取り出す機能です。

3.2 保持時間別の分類

　記憶は保存できる量や時間によって、「**感覚記憶**」「**短期記憶**」「**長期記憶**」の3種類に分けられます。3者の関係は図3.1の通りです。

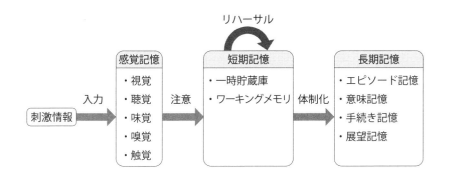

図3.1　記憶の過程

（1）感覚記憶

　感覚記憶は、感覚器官（視覚、聴覚、触覚、嗅覚、味覚）で受け取った様々な刺激情報を、ほとんどそのままの形で取り込んで非常に短い時間だけ保持したものです。瞬間的ですが非常に多くの情報を貯蔵できます。そして、約

1秒の間に注意・選択された情報が、短期記憶に移行します。

（2）短期記憶

1）マジカルナンバー

　短期記憶は、感覚記憶の中から注意して選択された情報です。保持できる容量が限られていて、ミラーによれば 7±2 チャンク（かたまり）が限界とされています。これを**マジカルナンバー7±2** といいます。そして、その人が正しく再生できる個数を**記憶範囲**といいます。

2）リハーサル

　短期記憶は何もしないと 20 秒程度で消えてしまいます。これを防ぐためには、**リハーサル（反復）**が必要です。リハーサルとは、短期記憶に入った情報を保持しておくために、その情報を繰り返し想起することです。

3）ワーキングメモリ

　短期記憶に近い概念に、**ワーキングメモリ**（作動記憶）があります。ワーキングメモリは、何らかの認知課題（例：計算、推論、読解など）に取り組んでいる際に、それに関連する別の情報を長期記憶から呼び戻して、同時に保持する過程を指します。

　読書を例にすると、次の通りに働きます。

①本を読んで文章や単語を頭に入れる。
②同時に長期記憶にある知識やエピソードを検索する。
③検索した知識やエピソードと、本の中の単語や文を照らし合わせる。
④単語や文が意味することを理解する。

（3）長期記憶

　長期記憶は、永続的に情報を保持できるうえに、その容量に限界がないと仮定されている記憶です。短期記憶の情報をリハーサルで保持しながら、イ

メージ化や連想などで相互に関連づけてまとめること（体制化）によって長
期記憶に送ります。

　長期記憶は複数のカテゴリに分類できます。

3.3　長期記憶の種類

　長期記憶は言葉により表現できるか否かで、**宣言的記憶**と**手続き記憶**の 2
つに分類することができます。

（1）宣言的記憶

　言葉で表現できる記憶で、事実と経験を保持するものです。意識的に想起
できるので、顕在記憶ともいわれます。宣言的記憶は、**エピソード記憶**と**意
味記憶**に分けることができます。

　エピソード記憶は、個人が体験した出来事に関する記憶です。「いつ、どこ
で、何を、どのように」体験したかという時間的・空間的文脈を想起するこ
とができます。

　意味記憶は、世間一般の知識に関する記憶です。事実、概念、語彙、数学
や物理の法則などで、時間的・空間的文脈と結びつく必要はありません。

　エピソード記憶（日常経験の記憶）が積み重なると、意味記憶につながる
という考えがあります。（箱田, 2010）

（2）手続き記憶

　意識にあまりのぼることがない習慣的動作等のことで、技能、運動、知覚
に関する記憶、古典的条件づけ、プライミングが含まれます。記憶にあるか
どうか意識されないので、潜在記憶ともいわれます。

1）手続き記憶

　運動技能や段取りについての記憶で、**技能学習**によって覚えます。例えば、
自転車の乗り方、箸の使い方、泳ぎ方などを覚えていることです。手続き記

憶は、次の 2 つの特徴があります。

①他人に説明するのが難しく、同じ体験をさせないと伝わりません。
②一度覚えると忘れにくく、使いたい時には無意識的に（考えずに）利用
　できます。

2）プライミング

　前もって刺激を呈示しておくと、その刺激の処理が促進される現象です。
具体的には、ある単語や絵を呈示されたことがあると、後にその単語や絵が
不完全な状態で呈示されても正答できる確率が高まります。また、運動技能
でも一度実行した経験があると、しばらく時間が空いても正確に実行できる
可能性が高まります。

（3）回想記憶と展望記憶

　いつのことを思い出すかによって、**回想記憶**と**展望記憶**に分けられます。
　回想記憶とは、これまで紹介したエピソード記憶や意味記憶のように、過
去の出来事を覚えていることです。
　一方、展望記憶は、予定や約束など、将来行うべきことを覚えておくこと
です。例えば、「仕事帰りに買い物をする」ことを覚えておくことです。

3.4　忘却

（1）忘却曲線

　記憶した情報を想起できないことを**忘却**といいます。ドイツの**エビングハ
ウス**(1850-1908)は、アルファベット 3 文字の無意味つづりを完全に暗記した
後、一定期間経ってから再度これらを暗記するためにどのくらい時間がかか
るかを調べました。（エビングハウス, 1885）
　結果は、約 20 分で約 4 割、1 時間で 5 割以上、約 8 時間後で 6 割を忘れて
いました。つまり、忘却は、記憶直後に急速に進み、その後は緩やかに進行

していくことがわかりました。

　この時間の経過と忘却の割合を図示したものを**忘却曲線**といいます。

（2）系列位置効果

　一定の順序で提示された刺激の系列（順序）を、その順序で学習することを系列学習といいます。系列学習においては、最後の方に出てきた情報の再生成績が最も良く、次に最初の方の情報の成績が良く、中央の情報の成績が最も悪くなります。このような現象を**系列位置効果**といいます。

　最後の情報の再生成績が良いことを**親近効果**、最初の情報の成績が良いことを**初頭効果**といいます。

（3）健忘症

　一定の時間または一定の内容に限られた記憶の欠如を**健忘症**といいます。脳の障害によって起きる器質性健忘と、心的ストレスなどによって起きる心因性健忘があります。

　また、発症から前の記憶を想起できないことを**逆向健忘**といいます。発症後に新しいことを覚えられないことを**前向健忘**といいます。

（4）忘却を妨げるもの
1）レミニセンス

　レミニセンスは、学習が不完全な場合、学習直後よりも、しばらく時間をおいた方が思い出しやすくなる現象です。散文や詩など有意味課題は記銘後2〜3日後に思い出されやすいという**バラードーウィリアムズ現象**や、無意味課題や運動学習などは5〜10分後に思い出されやすいという**ワードーボヴランド現象**があります。

　レミニセンスが起きる理由として、反応禁止説や差別的忘却説があります。反応禁止説では、学習で同時形成された興奮傾向の消滅速度が禁止傾向のそれより遅いことを原因としています。差別的忘却説では、同時形成された正しい反応と正しくない反応の忘却速度の差が原因としています。

2）孤立効果

　系列学習を行う場合、系列の中に少数ある異質な材料（孤立項）の方が想起されやすいことをいいます。一方、多数ある等質な材料（重畳項）は想起されにくく、これを重畳効果といいます。

3）閃光記憶（フラッシュバルブ記憶）

　衝撃的な出来事に接すると、その時の状況がフラッシュをたいた写真のように細部まで記憶され、時間が経っても鮮明に再生される現象をいいます。

　印象的な出来事なので、何度もリハーサルした結果起きるという説が有力です。（山田，2013）

第4章 動機づけ

4.1 動機づけとは

（1）動機づけとは

動機づけとは、人や動物（生活体）を行動に駆り立てて、ある目標に方向づける過程や、方向づけられている状態のことをいいます。動機づけは、行動の原動力である動機、動因、欲求という生活体内部の要因と、行動の目標である誘因が想定されています。そして、動因と誘因がお互いに働き合って、生活体の行動が方向づけ（動機づけ）られているとされます。

（2）外発的動機づけ

外的条件（報酬と罰）によって行動が動機づけられ、強化されるような動機づけのことです。行動は報酬を得るための手段となります。賞罰による動機づけはその典型です。

（3）内発的動機づけ

行動がある目標を得るための手段ではなく、それ自体が目標である場合をいいます。何かのためにするというのではなく、したいからするという動機づけです。知的好奇心によるものが典型です。

動物でも、探索動因や操作動因によるものが認められています。

4.2 動機づけに関係する要因

（1）外発的動機づけに関係する要因

1）ヤーキーズ・ドットソンの法則

アメリカの**ヤーキーズ**(1876-1956)と**ドットソン**が、学習に及ぼす罰の効果を検討しました。学習場面の難易度に応じた最適の罰の強さがあり、これを

超えた強さの罰は、かえって総合的な行動を乱す結果となるとしました。つまり、罰は動機づけを高めますが、困難な課題は動機づけが高すぎても低すぎても成果が上がらないので、学習が困難であるほど罰を弱める必要があります。

学習成績を縦軸、動機づけを横軸にすると、逆U字型のグラフが描けます。

2）機能的自律性

初めはある欲求を満足させるための手段であった行動が、その行動自体が目的となることをいいます。例えば、欲しいものがあって貯金を始めたけれども、しだいに貯金すること自体が目的になることが当てはまります。アメリカの**オールポート**(1897-1967)が提唱しました。

（2）内発的動機づけに関係する要因
1）内発的動機づけを高めるもの

アメリカの**デシ**(1942-)は、内発的動機づけを高めるものは、**自己決定感**と**コンピテンス**であると考えました。自己決定感は、ある行動は自分自身で決定したものであると認知することです。コンピテンスは、生活体が環境と効果的に関わりを持ち、自身の維持・成長・進歩をもたらす適合性や能力のことです。

動機づけもこの一環であり、学ぼうとする潜在能力を強調します。

2）報酬の良し悪し

物質的報酬を与えると内発的動機づけが低下するという現象を、**アンダーマイニング効果**といいます。アメリカの**レッパー**(1944-)は幼児のお絵かきに、**デシ**は大学生のパズル解きに対して、それぞれ報酬を予告する実験を行った結果からわかりました。つまり、報酬のために行動すると認知すると、自己決定感やコンピテンスが低下すると考えられます。

一方、言語報酬を与えると内発的動機づけが高まります。これを**エンハンシング効果**といいます。アメリカの**ハーロック**の実験(1925)では、叱責より

も称賛の方に効果がありました。

4.3 達成動機

（1）達成動機と要求水準

　達成動機とは、高い基準や価値を自分で設定して、自分で努力して目標を達成しようとする動機のことです。課題を行う際の主観的な目標は、すでにある基準や価値の中から設定しますが、目標の内容や段階の選び方は人によって違います。選んだ目標を**要求水準**といいます。

　達成動機が高い人は、中程度の困難度の課題を選ぶ傾向にあります。これを**現実的課題設定**といいます。反対に、達成動機が低い人は、やさしすぎるものや難しすぎるものを選ぶ傾向にあります。これを**非現実的課題設定**といいます。

（2）学習性無力感

　学習性無力感とは、自分の行動に結果が伴わない状態が継続すると、無力感に陥って行動を起こさなくなることです。アメリカの**セリグマン**(1942-)らの動物実験では、罰から逃げることも避けることもできない体験をすると、絶望感に支配されてその後は罰に反応も逃避もしなくなりました。

　ヒトの場合、問題がどの程度継続すると推論するか、原因を何と関連づけるか（**原因帰属**）などによって、学習性無力感の強弱が変わります。

4.4 原因帰属

（1）原因帰属とは

　原因帰属とは、行動の結果が成功あるいは失敗だった原因を推測する過程のことです。原因が自分にあると考えることを**内的帰属**といいます。一方、自分の外側にあると考えることを**外的帰属**といいます。

（2）ローカス・オブ・コントロール

　アメリカの**ロッター**(1916-)は、原因を自分の力のせいにするか（内的要因）、外部の力のせいにするか（外的要因）には個人差があるとしました。これを**ローカス・オブ・コントロール**といい、**性格特性**（第 10 章参照）の一種と考えました。

（3）ワイナーの 3 次元理論

　アメリカの**ワイナー**(1935-)は、原因帰属の仕方を、①原因が自分の内外のいずれにあるか（内的－外的）、②原因が変わりやすいか変わりにくいか（安定－不安定）、③原因を自分でコントロールできるか否か（統制可能－統制不可能）という 3 次元でとらえました。

　そして、これら 3 次元の組み合わせから、8 種類の原因帰属を想定しました（表 4 参照）。

表4　ワイナーの原因帰属

	統制可能		統制不可能	
	安定	不安定	安定	不安定
内的	継続的な努力	一次的な努力	能力	気分
外的	他者の評価	他者の一次的な援助	課題の困難さ	運

第 5 章　発達

5.1　発達とは

　　発達とは、生命の発生から死に至るまでの、心身の機能や構造の質的・量的な変化のことです。狭義には、青年期・成人期までの上昇的変化を指します。広義には、老年期に向かっての下降的変化を含みます。両者を併せてとらえることを生涯発達といいます。(小泉，1991)

　　発達は、成長や成熟と類似する概念です。成長とは、年齢に伴う心身の機能の変化です。成熟とは、生物があらかじめ発生学的に組み込まれているプログラム通りに、一定の速度と順序で発達の頂点に達することです。さらに、発達を成熟によるものと**学習**によるものに分けることもあります。(辰野ら，1986)

5.2　発達の原理

　　発達には、共通してみられる一般的な特徴・傾向があります。これを発達の原理といいます。主なものは、順序性、方向性、連続性、個人差です。(永江，1991)

（1）発達の順序性

　　発達は一定の順序で起きます。これは、身体・運動機能、言語、問題解決行動、社会的行動などで見られます。ここでは、乳幼児が「ひとりで歩けるようになるまで」を例にします。

　　まず、生後 4 か月頃に支えられて座れるようになります。そして、7 か月頃ひとりで座れるようになります。その後、10 か月頃にはいはい、13 か月頃の階段登り、14 か月頃ひとりで立つことを経て、15 か月頃に直立二足歩行が可能になります。(橘川，2001)

（2）発達の方向性

　発達には一定の方向性があります。例えば、身体の発達は、頭部から尾部（頭部－尾部勾配）、および中心部から周辺部（末梢部）（中心部－周辺部勾配）に向かって進行します。

（3）発達の連続性

　発達は飛躍的には起こらず、連続的漸進的に（順を追って）起きます。このため、ある段階の発達はその後の段階での発達に、何らかの影響を及ぼします。

（4）発達の個人差

　すべての人が同じ速度で発達するわけではありません。個人差は、身体（身長・体重の増加、性的成熟など）、運動機能（歩き始めなど）、精神機能（言葉など）という様々な側面でみられます。

5.3　遺伝と環境

（1）孤立要因説

　発達は遺伝と環境のどちらの影響を強く受けるのかという論争がありました。どちらか一方だけを重視するのは、**孤立要因説**です。

　遺伝を重視する立場では、学習は適切な成熟を待ってから行った方が効果的で、早すぎる学習は逆効果であるとします。例えば、アメリカの**ゲゼル**(1880-1961)が一卵性双生児を対象に、訓練をした場合としなかった場合の「階段登りの習得」を比較した実験などがあります。

　環境を重視する立場では、発達は生後の経験や与えられた刺激に大きく影響されると考えます。特に、発達初期の環境や経験を重視します。例えば、**学習理論**の**ワトソン**(1878-1958)は、「自分に生後間もない子どもを預けてくれるならば、どのような職業人にでも育てあげてみせる」と述べています。

（2）加算的寄与説

　発達は遺伝と環境の両方の影響を受けると考えます。例えば、ドイツの**シュテルン**(1871-1938)の**輻輳説**は、発達を遺伝と環境の加算ととらえます。遺伝と環境のどちらの影響がより強いかで、現れる形質が変わると考えました。ただし、遺伝と環境は影響し合わないとされました。

（3）相互作用説

　遺伝と環境は影響を及ぼし合って発達を規定していると考えます。例えば、アメリカの**ジェンセン**(1923-2012)の**環境閾値説**では、環境からの刺激が少なくても発現する特性と、豊富な刺激がないと発現しない特性があると考えました。例えば、身長はほとんどの環境条件で素質通りに発現しますが、絶対音感は環境条件が良い時にのみ発現します。学業成績や知能検査の結果が良くなるには、それらの中間程度の環境条件が必要になります。

（4）野生児

　遺伝と環境の相互作用の影響は、発達初期に特に大きいと考えられています。その説明に**野生児**の事例が挙げられます。野生児とは、様々なきっかけで非人間的な環境で育ち、幼少期の経験がはく奪された子どもです。

　例えば、フランスのアヴェロンの森で見つかった推定年齢12歳前後の野生児は、医師イタール(1774-1837)による6年間の教育で様々な社会的習慣が身につきましたが、言語の獲得はうまくいきませんでした。このことから、言語獲得のためには12歳よりも早い時期に環境条件が整っている必要があるといえます。

5.4　人間の特異性

（1）生理的早産

　スイスの生物学者**ポルトマン**(1897-1982)は、人間が他の哺乳類並みの発育状態になるのは生後1年経過後であり、人間の誕生時の状態は早産である（早

く生まれてくる）ことが通常化していると考えました。これを**生理的早産**といいます。人間は、他の哺乳類ならば母胎内にいるべき生後1年間で、身体・運動機能や言語が急速に発達します。

（2）発達加速現象

　身体の発達をみると、現代人は一時代前の人々に比べて、大きくて成熟が早くなっています。これを**発達加速現象**といいます。この現象には、身長や体重などが前の世代より大きくなる**成長加速**と、歯の生え変わりや初潮・精通の発生が低年齢化する**成熟前傾**の2側面があります。

　加速化には、体格と運動機能、身体発達と精神発達などがアンバランスになるという問題もみられます。（橘川，2001）

（3）発達曲線

　年齢を横軸、心身の発達を縦軸にとって、発達の状態を示した曲線です。発達の過程は器官・機能によって異なるため、曲線の形は一様ではありません。アメリカの**スキャモン**(1883-1952)による発達曲線が有名です。

　スキャモンは、成人のレベルを100%とした場合、そこに至る過程を曲線で示しました。この曲線は「リンパ型」「神経型」「一般型」「生殖型」の4種類に分けられます。

　一般型は、骨、筋肉、内臓などの全身組織の発達を示しており、発達初期と青年期前期の2回急成長するS字型を示します。

　神経型は神経系統の発達を示し、4歳で80%、6歳でほぼ大人のレベルに達します。

　生殖型は生殖系統の発達を示し、12、13歳から急激に発達が始まります。

　リンパ型はリンパ系の発達を示し、6歳で大人と同レベルに達します。その後も発達は続き、11、12歳のピーク時には100%を超えます。その後、徐々に下降して大人のレベルになる逆U字型を示します。

5.5 動物による研究

（1）刷り込みと臨界期

　オーストリアの生物学者**ローレンツ**(1903-89)は、発達のごく初期に生じる特殊な学習を**刷り込み**（刻印づけ）と名づけました。例えば、カモやアヒルなどのヒナが、孵化して最初に目にした動くものに愛着行動や追尾行動を見せることが挙げられます。

　刷り込みが生じる時期を**臨界期**といいます。かつては一度刷り込みが起こると取り消しが効かないとされていました。しかしその後の研究で、臨界期は特定の刺激作用の影響を受けやすいけれども、刷り込まれた後でも多少の修正は効くと指摘されました。

（2）ハーロウの猿の代理母実験

　ハーロウは、生まれたばかりの猿を親からすぐに引き離して、針金製の母親模型と布製の母親模型のもとで育てる実験を行いました。

　布製の母親に哺乳瓶をつけた条件では、猿はずっと布製の母親のもとにいました。一方、針金製の母親に哺乳瓶をつけた条件では、猿は授乳時だけ針金製の母親のもとへ行き、それ以外の時間は布製の母親のもとにいました。

　この実験結果から、猿は空腹や渇きを解消してくれるからではなく、接触がもたらす安心感によって布製の母親に愛着を持ったと考えられました。

5.6 愛着理論

（1）ボウルビィの研究

　乳児は養育者（主に母親）に対して**愛着**（**アタッチメント**）という「特定の個体に接近して親密な情緒的な絆を結びたいという欲求」を示します。イギリスの精神分析家の**ボウルビィ**(1907-90)は、愛着対象への接近や接触を愛着行動と呼びました。

（2）エインスワースの研究

アメリカの**エインスワース**(1913-99)は、1 歳児を対象に愛着行動を観察する研究を行いました。これを**ストレンジシチュエーション法**といいます。この方法では、愛着行動が活性化するという危機的場面に乳児を置いて、その行動を別室で観察します。具体的には、乳児を見知らぬ部屋に連れて行き、母親との分離や再会などの 8 つの場面を経験させます（表 5.1 参照）。

表 5.1　ストレンジシチュエーション法（繁多，1987 より）

場面	時間	内容
場面 1	30 秒	実験者が母子を部屋に案内。母親は子どもを抱いて入室。実験者は子どもを降ろす位置（おもちゃがある）を指示して退室。
場面 2	3 分	母親は椅子に座り、子どもはおもちゃで遊ぶ。
場面 3	3 分	見知らぬ人が入室。母親と見知らぬ人はそれぞれの椅子に座る。
場面 4	3 分	【1 回目の母子分離】母親は退室。見知らぬ人が子どもに働きかける。
場面 5	3 分	【1 回目の母子再会】母親が入室。見知らぬ人は退出。
場面 6	3 分	【2 回目の母子分離】母親が退室。子どもは 1 人きりになる。
場面 7	3 分	見知らぬ人が入室。子どもを慰める。
場面 8	3 分	【2 回目の母子再会】母親が入室。見知らぬ人は退出。

その時の乳児の行動から、母親との愛着のタイプを 3 種類に分類します（表 5.2 参照）。

表 5.2　愛着の 3 タイプ（繁多，1987 より）

タイプ	概要	日本での出現率
A タイプ回避群	親への接近・接触要求が少なく、分離時の泣きや再会時の歓迎も見られない。	6.2%
B タイプ安定群	親を安全基地に積極的に探索行動を行う。親への接近・接触要求が強く、分離時には泣き、再会時には歓迎する。	79.2%
C タイプ両価群	分離時は強い悲しみを示し、再会時は悲しみや不安がなかなか収まらない。	14.6%

5.7 親子関係が子どもに与える影響

（1）マターナル・ディプリベーション（母性はく奪）

　乳幼児期に母親の養育を受けられない状態のことで、母親だけが子どもの養育者であった時代に提唱された用語です。現在では、母性だけを特別視せずに、乳幼児期に十分な養育を受けられなかったことによる心身の発達の問題を指します。養育の欠如による影響には個人差があり、影響を受けにくい子どももいます。

（2）ホスピタリズム

　長期間、施設や病院などに置かれた子どもに、発達の遅れや症状がみられると、精神分析家の**スピッツ**(1887-1974，オーストリア→アメリカ)が発表しました。この発表がされた 1945 年当時に子どもを収容した施設や病院は、子どもの発達に必要な養育が十分に与えられていませんでした。その後、施設や病院でも安定した情緒的関係や言語的知的刺激を与えるなど、養育環境が改善されました。この結果、ホスピタリズムが問題になることが少なくなりました。

（3）愛着障害

　虐待やネグレクトなどの不適切な養育によって、正常な愛着行動の発達が阻害されたことで起こります。苦痛な時でも大人の養育者に安楽を求めず、対人交流や情動の障害が持続的に起きている状態です。

　アメリカ精神医学会の**DSM-5** では、反応性アタッチメント障害／反応性愛着障害と呼ばれます。

（4）親の養育態度と子どものパーソナリティ

　しつけなどの親の養育態度と子どものパーソナリティの関係が研究されています。親の養育態度の分類方法には、アメリカの**サイモンズ**の研究(1939)があります。サイモンズは、親の養育態度を支配－服従と保護－拒否という

2次元で測定し、その組み合わせから「残酷型」「過干渉型」「甘やかし型」「無
視型」という4類型に分類しました（図5参照）。

　そして、**宮城音弥**(1908-2005)は、この4類型と子どもの性格の関係を説明
し、親の養育態度が支配、服従、保護、拒否のいずれにも偏らないことが、
理想的な親子関係になるとしました。（宮城，1960）

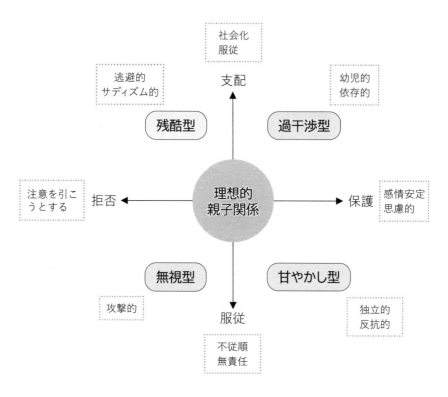

図5　親の養育態度と子どもの性格特性（宮城，1960 より）

第 6 章　発達段階

6.1　発達段階とは

（1）概要
　発達には、ある年齢時期に他の年齢時期とは異なる特徴的な変化が見られることがあります。こうした特徴を手がかりにして、年齢時期をいくつかの段階に分けたものを**発達段階**といいます。

　発達段階を扱った代表的な理論には、フロイト、エリクソン、ピアジェ、ハヴィガースト、コールバーグらのものがあります。

（2）発達の最接近領域
　ロシアの**ヴィゴツキー**(1896-1934)が提唱した、子どもの知的水準を表す概念です。自力で問題解決できる発達水準と、他者からの援助・指導があれば解決可能になる発達の水準を分けて、この 2 つの水準の間にある領域のことを指します。この概念では、能力はある年齢において固定されたものではなく、「誰と」「どのように」やり取りをするかによって変化するものととらえられます。（木下，2021b；外林ら，1981）

　例えば、指導者からヒントをもらうことや、同級生とグループワークを行うことによって、できることが増えると考えられます。

6.2　各発達段階の特徴

（1）乳児期
　出生から 1 歳頃までを指します。心身の発達が著しく、養育者との親密な関係（マザリング）によって人間に対する基本的信頼感を獲得します。

　この時期には、**新生児反射（原始反射）**がみられます。これは、新生児にみられる特定の刺激によって起きる反射のことで、生後 4〜5 か月頃には消失

します。例えば、**バビンスキー反射**（足の裏をこすると、足の指が広がる）、**モロー反射**（抱きつき反射）、**吸い付き反射**（唇に触れたものを吸い込む）などがあります。

　また、新生児は理由がなく微笑みの表情を示します。これを生理的微笑または自発的微笑といいます。それが生後3か月頃になると、他者に対して微笑む社会的微笑（**3か月微笑**）に変わります。しかし、生後6か月頃から見知らぬ人や物に恐怖反応を示します（人見知り）。この人見知りは生後8か月をピークとして起きるので、**スピッツ**は **8か月不安**といいました。8か月不安は、主な養育者とそれ以外の人を区別することにつながります。

（2）幼児期

　1歳頃から5〜6歳頃までを指します。この時期に、身体、性格、知能の基礎がつくられます。1歳半前後の一語・二語の発語から3歳頃には日常会話がほぼ可能になります。また、**基本的生活習慣**が形成されます。

　この時期の特徴は、自我の芽生えです。まず自分の名前を認識します。1歳頃に自分の名前に返事ができ、1歳6か月頃に自分の名前を言えます。また、2歳頃には**第一反抗期**が起きます。この時期の反抗は、「頑なに自己を主張すること」「意図的な反抗ではないこと」「対象は主に母親であること」が特徴です。

（3）児童期

　5〜6歳頃から12歳頃までのことで、**学童期**ともいいます。身体的にも知的にも著しい発達が見られます。例えば、具体的なものを媒介にした思考が発達します（次節6.3参照）。

　また、一緒に過ごす相手が家族から友人に変わることから、**ギャング・エイジ**と呼ばれます。ギャングとは、同性・同年齢の遊び仲間のことで、数人のグループを作ります。このグループは、凝集性や閉鎖性が強く、秘密の決まりや場所、隠語などを作って活動します。グループ内の役割遂行や相互協力などを通して、社会性の発達がうながされます。

（4）青年期

　10 代前半から 20 代半ばころまでを指します。身体発達と性的成熟の開始から、大人としての心理社会的成熟に達するまでの時期です。この時期の特徴には、**第二次性徴**による身体の急激な発達と性的機能の成熟、論理的思考の発達、社会的関心の拡大・深化、自我の目覚めと人生観の形成などが挙げられます。

　青年期の代表的な特徴として、次の 6 点が挙げられます。

1）境界人（周辺人、マージナルマン）

　境界人とは、2 つの集団の境界や周辺の領域に位置し、いずれの集団にも真の所属感を持てない人のことです。ドイツの**レヴィン**(1890-1947)は、青年は子どもと大人の境界・周辺に位置するとみなしました。

2）第二の誕生

　青年期は、自我の発見、性的成熟、社会意識の目覚めによって、児童期とは異なる世界に入る時期であると考えて、フランスの**ルソー**(1712-78)が命名しました。

3）青年期スパート

　青年前期（中学生や高校生の頃）に生じる急速な身体発達のことを指します。それに伴う心理的動揺が、大人としての新たな自己概念を抱く大きなきっかけとなります。

4）心理的離乳

　青年が両親への依存から脱却して、心理的に独立していくことです。乳児が離乳により母親から身体的に独立することと対比して、アメリカの**ホリングワース**(1886-1939)が命名しました。

5）疾風怒濤

「激しい風と荒れ狂う波」という意味で、青年期を「古きものや形式主義に反逆して、個性の解放と自由を主張して、主観的、激情的な世界を生きる時期」ととらえて、アメリカの**ホール**(1844-1924)らがこのように例えました。

6）第二反抗期

反抗期は、子どもの欲求と親の要求や期待が合致しなくなった時に、子どもの強い反抗や自己主張が起きる時期のことです。目立つのは、2歳前後の第一反抗期と青年期の第二反抗期です。

第二反抗期には、子どものアイデンティティの探索が始まり、親子がお互いに価値観や考えの違いを認識することで衝突が起きます。

（5）成人期

20代から60代までを指します。身体的・性的に成熟して、次代を生み出すことが可能になる時期です。法律上の成人や、就職や結婚による経済的、パーソナリティ的な成熟により、社会的な成熟に至ります。

（6）老年期

60代以降を指します。身体的機能の減退、退職や配偶者との死別などの喪失などが心理的問題を引き起こすとされています。ただし、老年期になっても様々な機能の全てが一直線に衰退するわけではありません。領域や目標を絞ることで心身の衰えに対応して活動を維持できるとも考えられています。

6.3 ピアジェの認知発達理論

（1）シェマ

スイスの**ピアジェ**(1896-1980)は、対象を理解する時の認知の枠組みを**シェマ**と呼びました。シェマが経験とともに変容していく過程を発達としました。

既存のシェマによって対象を受容し、理解する心的機能を**同化**といいます。

一方、外界に合うように自分のシェマを変えることを**調整**といいます。同化と調整のバランスを取りながらシェマが均衡化されていくと、現実的で豊かな認知構造になります。

（2）ピアジェの発達段階

　ピアジェは、認知（思考）の発達過程を、初めは直接的な身体活動によって思考し、しだいに表象を媒介にした思考が可能になると考えました。具体的には、「感覚運動期」「前操作期」「具体的操作期」「形式的操作期」の4段階に分類しました。

1）感覚運動期（0〜2歳）

　身体の感覚と機能（例：口に入れる、吸う、つかむ、叩くなど）によって、外界の事物や環境を認識・適応する時期です。言葉を獲得し概念的知能が働くようになるまでは、身体の感覚と運動によって知的機能を発達させます。

2）前操作期（2〜7歳）

　言葉を獲得して概念やイメージの使用が可能になることで、しだいに直接的な身体活動なしに、頭の中でものを考えることができるようになります。
　しかし、主観と客観が未分化で、自分の視点からの見え方にこだわる**自己中心的思考**をします。また、論理的思考が困難で、部分と全体の統合力が欠けています。このため、物の外観（見た目）に思考が影響されます。
　以上のような特徴から、図6のような**保存課題**の解決が困難です。見た目は変わっても数、長さ、量は変わっていないことを判断できないからです。

3）具体的操作期（7、8〜11歳）

　自分が具体的に理解できる範囲では、論理的に思考したり推理したりできるようになります。このため、思考が見た目に影響されにくくなり、他者の視点からものを見ることができるようになります。さらに、容器や置き方を変えるなどして形が異なっても、量や長さは保存されることが理解できるよ

うになるため、図6の保存課題が解けるようになります。このように自己中心的思考から脱却することを、**脱中心化**といいます。

しかし、抽象的・形式的な事物なことを扱うことはまだ苦手です。

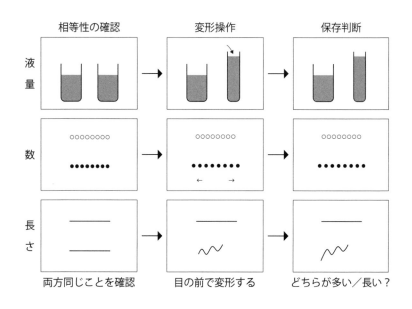

図6 保存課題の例

4）形式的操作期（11、12～14、15歳）

具体的な事象にとらわれず、抽象的な思考が可能になります。例えば、事実だけではなく可能性の問題を論じることや、仮説検証的な推理を行うことができるようになります。

なお、形式的操作に到達する時期には大きな個人差があり、大学生になっても到達できないケースも見られました。（子安，2021）

6.4 フロイトの性的発達段階

（1）リビドー

　フロイトによる**精神分析学**では、人間の様々な行動の源として性欲（**リビドー**）を重視します。そして、リビドー充足に主要な役割を果たす部位を性感帯と呼び、発達とともに口唇 → 肛門 → 男根 → 性器の順に変化すると考えて、発達段階を区分しました。さらに、各発達段階でのリビドーの充足度によって、その発達段階へのこだわり（**固着**）が生じ、性格形成に影響を与えると考えました。

（2）フロイトの発達段階
1）口唇期（生後～1歳半）

　この時期は乳を吸う時の口唇快感でリビドーを満たします。この快感は離乳により抑制されます。この時期に固着があると、依存傾向や不信感が強い口唇性格になるとされます。

2）肛門期（1歳半～3歳）

　この時期は排泄することと我慢することにより、肛門・尿道快感がリビドーを満たします。この快感は、トイレットトレーニングで抑制されます。この時期に固着があると、倹約家、几帳面、わがままという特徴の肛門性格になるとされます。

3）男根期（3～5歳）

　この時期は自分の性器の快感でリビドーを満たそうとします。また、異性の親に性愛的愛着を求めて、同性の親を敵視します。しかし、これを同性の親から罰せられることを恐れます。これらをまとめて**エディプス・コンプレックス**といいます。この時期に固着があると、性差の主張や自己主張が極端である男根性格になるとされます。

4）潜伏期（6〜12歳）

この時期には一時的にリビドーが抑えられて、興味の対象が外部に向きます。そして、リビドーが運動技能や知識の獲得などに昇華されます。

5）性器期（思春期以降）

この時期は身体の成熟とともに生殖機能が身につき、リビドーを向ける相手を求めます。性器期性格は、健康な愛と労働の能力を持った健康なパーソナリティとされます。

6.5 道徳性の発達

（1）道徳性とは

道徳性とは、その社会で受け入れられている善悪を理解し、それに基づいて行動できることです。例えば、フロイトによる**精神分析学**では、男根期に自分の欲求を親がどう思うかを意識することで形成される超自我が、道徳的行動と関係すると考えます。また、**学習理論**では、賞罰による**オペラント条件づけ**や**観察学習**の結果と考えます。さらに、認知論では、下記（2）のように発達すると考えます。

（2）認知論による道徳性の発達段階

ピアジェや**コールバーグ**の理論が代表的です。ピアジェは、善悪の判断が8〜9歳を境に、結果論（行動による利益と不利益）から動機論（行動した理由）に移行すると考えました。

アメリカのコールバーグ(1927-87)は、ピアジェの研究をもとに、正義の枠組みは発達とともに変化するとして、道徳性の発達段階を明らかにしました。具体的には、道徳的ジレンマを含む架空の物語を提示して、その反応を分析して道徳性を3水準6段階に分けました（表6参照）。

表6 道徳的価値の発達段階

水準	段階	
1．慣習以前の水準	1	罰を回避するため
	2	報酬を得るため
2．慣習的な水準	3	良い子にみられるため
	4	社会秩序を守るため
3．慣習を超えた水準	5	民主的な法に従うため
	6	良心に従うため

第7章 発達課題

7.1 発達課題とは

　発達課題とは、社会的に期待されている健全な発達をするために、乳児期から老年期までのそれぞれの発達段階で達成する必要がある課題のことです（木下，2021a）。発達課題に取り組むことは健全な適応につながります。ある時期の発達課題を達成できなくても人生は続きます。発達課題は後の発達段階で取り組むことも可能ですが、その意義は小さなものになります。また、発達段階の区分や発達課題の内容は、時代や文化の影響を受けて変化します。

　この章では、アメリカの教育学者**ハヴィガースト**(1900-91)の発達課題と、精神分析家の**エリクソン**(1902-94，ドイツ→アメリカ)の心理社会的発達理論を紹介します。

7.2 ハヴィガーストの発達課題

（1）概要

　ハヴィガーストが普及させた発達課題は、各発達段階に複数個設定されています。それらは、①身体の成熟によるもの、②性役割の習得、③健全な家族生活、④社会・文化の課す倫理・道徳観、⑤人格的自立、⑥価値観・人生観の確立などに分類されます。（山内，1998）

　各発達段階における発達課題は次の通りです。（ハヴィガースト，1995）

（2）各発達段階と発達課題

1）幼児期（0〜5歳）

　幼児期の課題は、身体の発達の進み具合と、家族などの環境によって生じるもので、9個想定されています。

①歩行の学習。

②固形の食物をとることの学習。

③話すことの学習。

④排泄の仕方を学ぶこと。

⑤性の相違を知り、性に対する慎みを学ぶこと。

⑥生理的安定を得ること。

⑦社会や事物についての単純な概念を形成すること。

⑧両親や兄弟姉妹や他人と情緒的に結びつくこと。

⑨善悪を区別することの学習と良心を発達させること。

2）児童期（6〜12歳）

児童期の課題は次の3つの発達を果たすことです。1つ目は、生活の中心が家族から友達に代わることです。2つ目は、神経と筋肉を用いて遊びや仕事をすることです。3つめは、大人が持つ概念や論理などを持つことです。このために、次の9個の課題を達成する必要があると考えます。

①普通の遊び（ボール遊び、水泳など）に必要な身体的技能の学習。

②成長する生活体としての自己に対する健全な態度の形成。

③友達と仲良くすること。

④男女の社会的役割を学ぶこと。

⑤読み、書き、計算の基礎的能力を発達させること。

⑥日常生活に必要な概念を発達させること。

⑦良心・道徳性・価値判断の尺度を発達させること。

⑧人格の独立性を達成すること。

⑨社会の諸機関や諸集団に対する態度を発達させること。

3）青年期（13〜18歳）

青年期の課題は、①仲間集団の中で習得するもの、②情緒的・知的・経済的に独立する中で習得するもの、③他者・社会・自然との関係の中で習得するものがあり、10個想定されています。

①同年齢の同性・異性との洗練された新しい交際を学ぶこと。

②男性・女性としての社会的役割を学ぶこと。

③自分の身体の構造を理解し、有効に使うこと。

④両親や他の大人から情緒的に独立すること。

⑤経済的な独立について自信をもつこと。

⑥職業を選択し準備すること。

⑦結婚と家庭生活の準備をすること。

⑧市民として必要な知識と態度を発達させること。

⑨社会的に責任ある行動を求め、それをなしとげること。

⑩行動の指針としての価値や倫理の体系を学ぶこと。

4）初期成人期（18〜30 歳）

初期成人期は、配偶者と新しい家庭を作り、子どもを養育することが課題になります。（林・榎本, 1986）

①配偶者を選ぶこと。

②配偶者との生活を学ぶこと。

③第一子を家族に加えること。

④子どもを育てること。

⑤家庭を管理すること。

⑥職業に就くこと。

⑦市民としての責任を果たすこと。

⑧適した社会集団を見つけること。

5）中年期（約 30〜55 歳）

中年期は、市民としての社会的責任の達成や、子どもの養育、自分自身や親が年老いていくことに適応していくことなどが求められます。（林・榎本, 1986）

①大人としての市民的・社会的責任を達成すること。

②一定の経済的生活水準を築き、それを維持すること。

③10 代の子どもたちが信頼できる幸福な大人になれるよう助けること。

④大人としての余暇活動を発達させる。

⑤自分と配偶者とが人間として結びつくこと。

⑥中年期の生理的変化を受け入れ、それに適応すること。

⑦年老いた両親に適応すること。

6）老年期

　老年期は、加齢に伴う様々な喪失の体験を、どのように克服するかが課題になります。（林・榎本，1986）

①肉体的な力や健康の衰退に適応すること。

②引退や減少した収入に適応すること。

③配偶者の死に適応すること。

④自分の年ごろの人々と明るい親密な関係を結ぶこと。

⑤社会的・市民的義務を引き受けること。

⑥肉体的な生活を満足におくれるように準備すること。

7.3　エリクソンの心理社会的発達理論

（1）概要

　エリクソンは、**フロイト**の理論に基づきながら、社会的要因や青年期以降の段階も重視した考え方を示しました（丹野，2015）。具体的には、人間の一生を 8 つの発達段階に分けて、各発達段階に**心理社会的危機**があると考えました。心理社会的危機は、本人の能力と社会から期待される行動にギャップが存在することによる緊張した状態で、「健全　対　不健全」の対になっています（高木，2019）。各発達段階で健全な側を伸ばすと、次の発達段階以降の危機を乗り越える際に生かせると考えました（表 7.1 参照）。

表7.1　エリクソンの発達段階と課題（Erikson & Erikson, 2001 より）

段階	年代	心理社会的危機	重要な対人関係
乳児期	0～2歳	基本的信頼　対　基本的不信	母親およびそれに代わる人
幼児期前期	2～4歳	自律性　対　恥・疑惑	両親およびそれに代わる人
幼児期後期	4～6歳	自発性　対　罪悪感	基本的家族
児童期	6～11歳	勤勉性　対　劣等感	「近隣」、学校
青年期	12～20代	同一性の獲得　対　同一性の拡散	仲間集団と外集団
成人前期	20～30代	親密　対　孤立	友情、性愛、競争、協力の相手
成人期	30～60代	生殖性　対　停滞	（分担する）労働と（共有する）家庭
老年期	60代～	統合　対　絶望	人類、わが種族

（2）各発達段階と心理社会的危機
1）乳児期（生後24か月まで）
　養育者とお互いに影響を及ぼし合いながら、「信頼　対　不信」という心理社会的危機に一緒に取り組みます。
　この危機を乗り越えると、養育者や周りの世界、そして自分への信頼感が作られます。しかし、乗り越えられないと、自他への不信感が作られます。

2）幼児期前期（2歳～4歳）
　養育者との強い信頼感を基盤に、「自律性　対　恥・疑惑」という心理社会的危機に取り組みます。自律性とは、心身の発達により自分でできることや我慢できることが増えることです。一方、できないことまでやろうとしたり、できるのに他者に依存したりすると恥をかき、自分の力に疑問を持つようになります。

3）幼児期後期（4歳～6歳）
　「自発性　対　罪悪感」という心理社会的危機に取り組みます。自発性とは、創造性や好奇心を独創的に表現しようとする傾向で、新しいものへの挑戦が成功したり誉められたりすると伸びます。しかし、挑戦により誰かの損害や迷惑が発生すると、罪悪感を持つことになります。

4）児童期（6 歳～11 歳）

　「勤勉性　対　劣等感」という心理社会的危機に取り組みます。勤勉性は、学校、家庭、地域などで決められた日課の中で学習や手伝いや練習を繰り返しできることで作られます。しかし、決められた日課を実行できなかったり、宿題をやらなかったり、理由なく遅刻や欠席を繰り返したりすると、勤勉性は形成されずに、劣等感を持つようになります。

5）青年期（12 歳～20 代）

　「同一性の隔離　対　同一性の拡散」という心理社会的危機に取り組みます。同一性とは「○○としての自分」ということで、人は立場や役割に応じて様々な同一性を持っています。青年期には、大人として自立・独立するために、自分を正しく理解し、自分の中にある様々な同一性を秩序づけて、統合していく必要があります。これを同一性の獲得といいます。

　しかし、価値観や生き方が定まらないと、同一性の拡散につながります。具体的には表 7.2 のようになります。

表7.2　自我同一性拡散の例

自意識過剰	他人の目を気にし過ぎて、本当の自分がわからなくなる。（誇大あるいは卑屈になる）
アパシー	重要な選択を回避する。
対人的距離の失調	依存や孤立が過剰になる。ヤマアラシのジレンマ。
時間的展望の拡散	将来をイメージできなくなる。
否定的同一性の選択	社会から否定されている価値観や集団を受け入れる。非行や犯罪。

6）成人前期（20 代～30 代）

　「親密性　対　孤立」という心理社会的危機に取り組みます。同一性が確立されていると、自立した個人として他者と対等で充実した関係を職場や交際相手と作ることができます。これが親密性です。

　しかし、同一性が混乱していると、相手との関係が支配や依存になります。

この結果、他者と親しい関係が築けないと孤立します。

7）成人期（30 代〜60 代）

　「生殖性　対　停滞」という心理社会的危機に取り組みます。生殖性は、子どもを産み育てることだけではなく、社会で教育・指導して後継者を育てることも意味します。家庭や社会で後継者を育てることに参加せず、自分の変化や成長を拒むと、時代に取り残されて停滞します。

8）老年期（60 代以降）

　「統合　対　絶望」という心理社会的危機に取り組みます。自分の人生を振り返って価値があるものと評価できれば、統合の感覚を得ることができます。しかし、振り返って後悔が多く、事実を受け入れられなければ、人生に絶望することになります。

第8章 知能

8.1 知能とは

（1）定義

　心理学では、**知能**を「新しい場面に適応する際に、これまでの経験を効果的に再構成する能力」と定義します。そして、知能は、「年齢相応の総合的な能力」「いくつかの側面が重なってできている多因子構造」ととらえます。

（2）知能因子説

　この説は、知能は１つの要素から成り立っているのではなく、複数の因子（能力）で構成されていると考えるものです。どのような因子があるかは、研究者によって異なる見方がされています。

１）スピアマンの２因子説

　イギリスの**スピアマン**(1863-1945)は、全ての教科に共通する一般因子と個別の教科に対応する特殊因子があると考えました。一般因子は遺伝によって決まり、特殊因子は経験によって決まるとしました。

２）サーストンの多因子説

　アメリカの**サーストン**(1887-1955)は、一般因子の存在を否定し、知能を７つの因子から構成されていると考えました。７因子は、「数」「空間」「推理」「言語」「語の流暢さ」「記憶」「知覚」になります。

３）ギルフォードの知能構造論

　アメリカの**ギルフォード**(1897-1987)は、知能を「所産×内容×操作」という３軸の組み合わせで考えました。

①所産は情報が概念化された結果です。単位、類、関係、体系、変換、含みです。

②内容は情報を内容からとらえる働きです。図形、記号、意味、行動です。

③操作は情報を総合する働きです。認知、記憶、収束的思考、拡散的思考、評価です。

このうち、収束的思考と拡散的思考は、次の通りです。

収束的思考は、既存の情報から1つの答えに到達する思考法です。論理的に考える能力、計画を立てる能力、学習能力などとの関連が深いものです。

拡散的思考は、既存の情報から新しいアイデアを生み出す思考法です。創造性と関連が深いものです。

(3) 加齢が知能に与える影響

イギリスの**キャッテル**(1905-98)は、歳をとることが知能に与える影響を次のように考えました。キャッテルによると、ヒトの知能には流動性知能と結晶性知能という2つの側面があります。

流動性知能は、新しい場面に臨機応変に対応するための知能で、加齢とともに衰えます。**結晶性知能**は、経験したことが積み重なった知能です。この知能は、所属する文化や受けてきた教育の影響を受けるもので、歳をとっても衰えず、緩やかに上昇し続けます。

8.2　知能検査

(1) 知能指数

知能を測定する方法に知能検査があります。検査の結果から次の式を使って、**知能指数**(IQ)を算出することができます。

> 知能指数 ＝ （精神年齢÷生活年齢）× 100
>
> ※精神年齢：検査の正答数から算出する
> ※生活年齢：検査実施日の年齢・月齢

知能指数は、その年齢として平均的な知能ならば100になります。一般的には、およそ70未満の場合は**知的障害**（8.4節参照）が疑われます。

成人に達すると、一般的に知的能力が完成しているので、精神年齢は変わりませんが、生活年齢は増加していきます。このため、知能指数の式にそのまま当てはめると、年齢が上がるほど知能指数が低くなってしまうので、偏差知能指数が用いられます。

偏差 IQ ＝ ｛15（X－M）÷ SD｝＋ 100

X ＝ 当該被験者の評価点
M ＝ 同一年齢集団の評価点平均点
SD ＝ 同一年齢集団の評価点の標準偏差

偏差知能指数は、被験者の知能水準を、同一年齢の平均値からのズレ（偏差）で表そうとしたものです。その分布は近似的に（単純化すると）正規分布であることが確かめられています。

（2）主な知能検査
1）ビネー式知能検査
1904年にフランスの**ビネー**(1857-1911)が、**シモン**(1873-1961)とともに開発した、ビネー＝シモン式知能検査から始まる児童用の知能検査です。**ビネー式知能検査**の内容は、理解、判断、推理、順応等、子どもが日常に出会う課題状況から構成されています。そして、身近な問題への回答から、全体的な知能を測定しようとしました。

日本語版は、**鈴木治太郎**(1875-1966)の鈴木ビネー式知能検査と、**田中寛一**(1882-1962)の田中ビネー式知能検査が有力です。

2）ウェクスラー式知能検査
アメリカの**ウェクスラー**(1896-1981)が1939年に開発した個別式知能検査です。特徴は、年齢段階に応じて検査があり、幼児から高齢者まで実施する

ことができることです。成人用の知能検査WAISは16歳以上に適用できます。児童用のWISCは5歳から16歳に適用できます。幼児用のWPPSIは3歳10か月から7歳1か月に適用できます。

　知能を単一の能力ではなく、いくつかの異なる能力の集まりとみなしています。大まかには、言語性IQと動作性IQという2側面や、4種類の指標得点（言語理解、知覚推理、ワーキングメモリー、処理速度）から知能を総合的に判断します。

3）K-ABCⅡ

　アメリカの**カウフマン夫妻**（夫:1944-、妻:1945-）が開発した知能検査である K-ABC の改訂版で、認知能力と経験と学習による習熟度を測定できます。認知能力は、同時処理（複数の情報処理を同時に行う）と継時処理（提示された情報を1つずつ順番に処理する）の2つを測定できます。そして、習熟度は「語彙」「読み」「書き」「算数」の4つの検査で測定します。

　さらに、問題解決のための方略決定に関わる「計画能力」や、新たな情報を効率的に学習し保持する「学習能力」も測れます。対象年齢は2歳6か月から18歳11か月までです。

4）集団式知能検査

　一度に大勢の被検査者に実施できる知能検査です。アメリカの**オーティス**(1886-1964)らが 1910 年代に研究を開始し、アメリカ陸軍が用いたものが有名で、集団検査アルファ（言語性問題）と集団検査ベータ（非言語性問題）があります。

　日本には、アルファに相当するA式（例：田中A式知能検査）と、ベータに相当するB式（例：田中B式知能検査）があります。

8.3　知能と学力

（1）知能と学力の関係

　学力は知能との関連が強いですが、完全に一致するわけではありません。例えば、相関関係が 0.5 という研究結果があります（注：相関係数は、-1～1 の値を取ります。無関係の場合 0、関係が強いほど±1 に近づきます）。

　アメリカの**ブルーム**(1913-99)は、教育目標には認知的領域、情緒的領域、運動技能的領域の３つに分けられ、学力もこの３つを基礎に構成されているとしました。この観点で考えると、知識や技能は試験で見える学力ですが、興味や関心は見えにくい学力になります。

（2）学業不振児

　知能検査の結果と学力を比較した時に、知能検査の結果から推定されるよりも学力が低い者を**アンダー・アチーバー**（学業不振児）といいます。反対に、推定されるよりも学力が高い場合は**オーバー・アチーバー**（学業優秀児）といいます。

　例えば、（学力偏差値÷知能偏差値）× 100 で算出できる**成就指数**（AQ; achievement quotient）を用いて判断することができます。基準値は 100 で、それより高いとオーバー・アチーバー、低いとアンダー・アチーバーになります。

8.4　知的障害

（1）概要

　知的障害は、**精神遅滞**ともいわれ、次の３つの基準で診断されます。

　①全般的な知的機能が同年代と比べて明らかに低いこと。
　②適応機能がその年齢に対して期待される水準より低いこと。
　③18 歳までに生じること。

　原因は、出生前要因（遺伝、染色体異常、胎内環境など）、周生期要因（低栄養、低酸素、感染症など）、出生後要因（外傷、感染症、不適当な養育環境など）が想定されています。

　有病率は人口の1〜2%程度、男女比は1.5：1とされています。（小林・稲垣, 2011）

（2）知的機能

　知的機能は、思考、記憶、表現等の能力の総体です。知的機能の評価には、統計的に標準化された**知能検査**（8.2節参照）によって得られる**知能指数**（IQ）を用います。一般的には、およそ70未満の場合は知的機能に障害があると考えます。

　知的機能は、学力だけではなく、日常生活で物事を判断する時にも用いられます。

（3）適応機能

　適応機能は、学校や社会などの集団の中で、ルールや周りの様子や状況を理解し、それらに自分の行動を合わせる能力のことをいいます。所属する社会の中で標準的な生活を送るために必要とされる能力です（表8.1参照）。

（4）障害の区分

　知的障害の水準により、軽度、中等度、重度、最重度の4段階の重症度に分類されます。それぞれに特徴的な症状があります（表8.2参照）。

　なお、IQが70から85程度の場合、**境界知能**とされます。IQ70未満の場合ほどは困難さが見えにくいため、十分な支援を受けることができていない可能性があります。

表 8.1　適応機能の例

コミュニケーションがとれる
基本的生活習慣を理解し、実行できる
家事を自分でできる
ルールやマナーを理解し、守ることができる
他者の気持ちを理解できる
お金や物品、スケジュールなどの自分のことの管理を自分でできる
仕事をすることができる
余暇活動に参加して楽しめる
健康や安全に配慮できる

表 8.2　知的障害の水準と特徴

	知能指数	知的障害全体における割合	特徴
軽度	IQ50 〜 55 からおよそ 70	80%	学齢期まで診断されないことも少なくない。適切な援助があれば成人期に独立して、あるいは多少の監督された状態で地域社会の中で生活し、就労することも可能。
中等度	IQ35 〜 40 から50 〜 55	10%	一般に学習能力が小学校低学年を超えることは難しい。適切な指導や訓練により、身の回りのことや多少熟練を要する仕事が可能。
重度	IQ20 〜 25 から35 〜 40	3 〜 4%	学齢期前の学習課題もわずかしか身につかない。十分整った環境であれば、単純な作業や仕事が可能。
最重度	IQ20 〜 25 以下	1 〜 2%	一般にコミュニケーション能力や運動能力に制限が著しい。成人に至ってもかなり配慮が行き届いた環境（場合によっては医療ケア）が必要である。そうした環境では単純な技能は獲得可能。

第9章 発達障害

9.1 発達障害とは

（1）定義

　発達障害とは、様々な原因による脳の機能障害により、認知、言語、社会性、運動機能の発達に遅れや偏りが生じ、そのために生活上の困難が長期にわたって続くと予測される状態と定義されます。（松永，2014）

　日本の法令上の発達障害の定義は、2005 年施行の発達障害者支援法では、「自閉症、アスペルガー症候群その他の広汎性発達障害、学習障害、注意欠陥多動性障害その他これに類する脳機能の障害であってその症状が通常低年齢において発現するもの」とされています。さらに、発達障害者支援法施行令では「言語の障害、協調運動の障害」が、発達障害者支援法施行規則（厚生労働省令）では「上記以外の心理的発達の障害並びに行動及び情緒の障害」が、発達障害に含まれています。

　この他に、**知的障害**（第 8 章参照）、各障害の境界域、発達期に生じた神経疾患、先天奇形、代謝疾患、視覚障害、聴覚障害、聴覚障害、肢体不自由を含む立場もあります。（桑原，2021）

　この本では、発達障害者支援法で対象とする、自閉症、学習障害、注意欠陥多動性障害（注意欠如・多動症）を紹介します。

（2）学校現場での対応

　学校現場では、法令が定める自閉症、学習障害、注意欠陥多動性障害などとともに、知的障害をはじめとする上記の様々な問題も支援の対象と考えています。文部科学省が行った 2012 年の調査（教員対象）では、小中学校の通常学級に在籍する児童・生徒の 6.5％に、発達障害の可能性があるという結果が出ています。

　こうした現状を踏まえて、仮に未診断であっても、学校の判断で支援や配

慮を行うことがあります。

（3）大人の場合

　知的障害を伴わない発達障害は、成人後に診断されることがあります。

　成人への支援は、障害の程度に応じて、生活の介護、就労移行支援、障害者雇用などの機会を提供することなどがあります。合理的配慮を得られれば、一般就労が可能なくらい能力が高い人もいますが、十分な支援が得られずに、不適応や二次的障害が発生するケースもあります。（桑原，2021）

9.2　自閉症

（1）概要

　自閉症は主な症状として、「コミュニケーションや対人相互作用の障害」や「行動や興味が限定的・反復的である」という特徴があります。

　1943 年にアメリカの精神科医**カナー**が報告した「早期小児自閉症」と、1944年にオーストリアの小児科医**アスペルガー**が報告した「自閉性精神病質」（**アスペルガー症候群**）の 2 つの概念を中心に考えられています。

　主な症状の現れ方はもちろん、知的障害の有無、言語能力の高低、社会性のタイプ（イギリスの精神科医ウィングの分類で、孤立型、受け身型、積極奇異型）などの個人差が大きいことが特徴です。このため、アメリカ精神医学会の DSM-Ⅳ（1994 年発行）では広汎性発達障害、**DSM-5**（2013 年発行）では自閉スペクトラム症（障害）という広義の概念でまとめられています。スペクトラムとは、障害が重度から軽度まで境界線が引かれずに連続しているということです。

（2）症状
1）コミュニケーションや対人的相互作用の障害

　この問題は大きく 3 つに分けて考えられます（DSM-5 より）。

　1 つ目は、他者とのやり取りの問題です。例えば、相手との物理的な距離

が近すぎること、通常の会話のやり取りができないこと、興味、情動、感情を他者と共有しにくいこと、他者とのやり取りを始めたり応えたりできないことが挙げられます。

2つ目は、非言語的コミュニケーションの理解や使用の問題です。例えば、表情、視線、身振り手振りなどを理解したり使ったりできないこと、言語的メッセージと非言語的メッセージのずれを理解できないため、暗黙の了解や冗談が通じないなどの問題が見られます。

3つ目は、人間関係の発展、維持、理解についての問題です。例えば、状況に合わせて行動を調整すること、想像上の遊びを他者と一緒に行うこと、友人を作ること、仲間に興味を持つことに困難があります。

2）行動や興味が限定的・反復的である

この問題は大きく4つに分けて考えられます（DSM-5より）。

1つ目は、常同的または反復的な（同じことを繰り返す）身体の運動、物の使用、会話が見られます。例えば、単調な動作を繰り返す、独特な言い回しをする、意味に関係ないおうむ返しをする（反響言語）などです。

2つ目は、同じパターンや習慣へのこだわり、儀式的な行動様式をとります。例えば、小さな変化が苦痛であること、柔軟性に欠ける思考様式、儀式のような挨拶習慣、毎日同じ道順、同じ食べ物を食べ続けることなどです。

3つ目は、一般的ではない対象に強い愛着を持ったり没頭したりすること、興味が過度に限られていたりこだわったりすることです。

4つ目は、感覚刺激に対する過敏さや鈍感さ、環境から感じられるものに並外れた興味を持つことです。例えば、特定の音、味、においを極端に好むか嫌うこと、触られることは極端に嫌がること、痛みや体温には無関心のように見えること、光や動くものを見ることに熱中することなどです。

（3）疫学

有病率は1〜3％程度で、男性の比率の方が高いとされています。

併存しやすい問題は、知的障害、境界知能、注意欠如・多動症、限局性学

習障害、発達性協調運動症などの発達障害が挙げられます。知的障害を伴わない自閉症のことは**高機能自閉症**といいます。また、チック症群、緊張病、抑うつ障害群、不安症群などが併存します。関連しやすい問題としては、自傷行為、てんかん、異食症、回避・制限性食物摂取症、睡眠−覚醒障害群が挙げられます。（毛利，2015 ; Saito et al, 2020, 東條，2021a）

9.3 学習障害

（1）概要

学習障害（**LD**: Learning Disabilities）は、医学的な立場では、読み、書き、計算の障害を指します。DSM-5 では限局性学習障害（Specific Learning Disorder）といわれます。

　教育的な立場では、1999 年に文部省（現在の文部科学省）が、①「全般的な知的発達に遅れはない」、②「聞く、話す、読む、書く、計算する、推論する能力の中に、極端に不得意なことがある」、③「原因は、中枢神経系に何らかの機能障害があると推定される」、④「視覚障害、聴覚障害、知的障害、情緒障害などの障害や、環境的な要因が直接の原因となるものではない」と定義しています。不得意なことを教科の学習に当てはめると、1〜2 年以上の遅れが発生します。

（2）症状

　学習障害は、脳で目や耳で得た情報を整理すること、記憶と照らし合わせること、それらをもとに行動を起こすことの何かに問題が起こっているのではないかと考えられています。

　内山(2019)は、次の 7 つのことが苦手であると説明しています。

1）目で見たものを区別して読み取ること

　例えば、似た文字を読み間違えたり、複雑な文字を書き間違えたりします。この結果、読み書きに問題が起こります。

2）聞いたものを区別して聞き分けること

　例えば、「クラス」と「グラス」のような似た音の違いを聞き分けられません。この結果、人の話を理解できないことが起こります。

3）見たものや聞いたものから必要な情報だけを取り出すこと

　見えているものや聞こえているものの中から必要なものだけを選べずに、全て同じように脳に入ります。このため、文字がたくさん並んでいる教科書から読みたいところだけを読むことや、ざわざわした教室で教員の指示を聞き取ることなどが苦手です。

4）2つ以上の作業を同時に行うこと

　例えば、「聞きながら書く」は、耳でとらえた音を、脳の中で文字に置き換えて、手指を動かして書きます。「音読」は、目でとらえた文字を、脳の中で音に置き換えて、口やのどを動かして声にします。このように、一度にいろいろな作業を統合して行うことには、苦手なことがあります。

5）空間をイメージすること

　自分を中心に周りの物の位置や大きさを判断します。このために、上下、左右、東西南北、縦横、高低などの感覚を使います。例えば、左右の感覚が弱いと、「く」と「＞」などと鏡に映したような文字を書いたり、漢字のへんやつくりを逆に書いたりします。また、ボールをパスすること、地図を読むこと、絵を描くことなどが苦手な人もいます。

6）数字や記号に置き換えて計算すること

　具体的な物を数えることができても、それを数字や記号に置き換えて考えることが難しい人がいます。例えば、「3 個」の桃を「3」という数字でとらえられません。また、6 個のアメを 3 人で同じ数だけ分けることはできても、それを「6÷3」という式に置き換えて計算することは難しいのです。だから、計算をするときには、自分の指という具体的なものを数えます。

7）注意を向けたり記憶をしたりすること

　例えば、教員の指示（耳からの情報）や黒板の文字（目からの情報）が他の情報と比べて大切であると認識して注意を向けることが苦手です。このため、情報をとらえ損ねます。また、一度に多くの情報が入ってくると、全ては覚えきれずに何かを忘れます。

（3）疫学

　2012 年度の文部科学省の調査報告によると、公立小中学校に在籍する児童・生徒のうち 4.5％に学習障害の可能性があるとされています。そのうち、「聞く」または「話す」ことの困難が 1.7％、「読む」または「書く」ことの困難が 2.4％、「計算」または「推論する」ことの困難が 2.3％とされています（重複あり）（毛利，2015）。また、男性の比率の方が高く、注意欠如・多動症との併存が報告されています。

9.4　注意欠如・多動症

（1）概要

　ADHD と略記される発達障害で、以前は注意欠陥・多動性障害と呼ばれていました。生活年齢にふさわしくない不注意、多動性と衝動性の一方あるいは両方が 6 か月以上持続しています。これらが、12 歳以前から発生していること、対人関係、学業、仕事などに悪影響が及んでいること、単なる反抗や敵意の表れではないこと、課題や指示が理解できないわけではないことなどを確認する必要があります。（東條，2021b）

　成人後に仕事や家事がうまく行えないことがきっかけで、ADHD という診断を受ける人もいます。

（2）症状
1）不注意

　特定のことに意識を向け、集中を持続することに問題があります。このた

め、学習や活動に継続的に取り組んだり最後まで取り組んだりすることや、約束やルールを覚えたり話を最後まで聞いたりすることが苦手です。

2）多動性

　周りの刺激に反応してしまい、本人の意識とは関係なくいつの間にか動いてしまうことです。このため、落ち着いていられなかったり、離席したり、話が止まらなかったりします。

3）衝動性

　頭の中で考える前に行動してしまうことです。このため、話に割り込んだり順番が待てなかったり、気持ちが抑えられずに言葉や態度にすぐに表してしまったりします。

4）類型

　不注意、多動性および衝動性の現れ方の強弱は人によって異なります。それによって、混合型、不注意優勢型、多動性−衝動性優勢型の３つのタイプに分類されます。

（3）疫学

　有病率は学齢期で3〜7%で、男性の比率の方が高いとされています。一般に年齢が高くなるほど有病率が下がり、成人期の推定有病率は1〜5%になるとされています。（毛利, 2015）

　併存しやすい問題は、反抗挑発症、素行症、自閉スペクトラム症、チック症群、重篤気分調整症、限局性学習障害が挙げられます。（東條, 2021b）

9.5　特別支援教育

（1）特別支援教育とは

　特別支援教育とは、障害のある子どものニーズを把握しながら、自立や社

会参加に向けた主体的な取り組みを支援するものです。日本では、2007年から学校教育法に位置づけられています。

　障害の程度に応じて、**特別支援学校**、**特別支援学級**、**通級による指導**で特別支援教育を受けることができます。

（2）特別支援学校

　障害の程度が比較的重い子どもを対象として専門性の高い教育を行う学校です。各教科等に加えて、自立活動（障害の改善・克服）の指導を実施しています。公立の特別支援学校の1学級の定員は、小・中学部が6人、高等部が8人です（重複障害の場合3人）。対象は、視覚障害、聴覚障害、知的障害、肢体不自由、病弱・身体虚弱です。

　2020年度の幼児・児童・生徒数は、幼稚部約1,300人、小学部約46,300人、中等部約30,600人、高等部約66,600人で、義務教育段階では全児童・生徒の0.8%になります。

（3）特別支援学級

　小・中学校に障害の種別ごとに編成し、子ども一人ひとりに応じた教育を実施する学級です。公立学校の定員は8人です。学級種は、知的障害、肢体不自由、病弱・身体虚弱、弱視、難聴、言語障害、自閉症・情緒障害です。

　2020年度の児童・生徒数は、小学校約218,000人、中学校約84,400人で、義務教育段階では全児童・生徒の3.1%になります。

（4）通級による指導

　小・中学校の通常の学級に在籍する障害のある児童・生徒を対象に、障害に基づく種々の困難の改善・克服に必要な特別の指導を特別の場で行う教育形態です。小・中学校では対象者13人に1人の教員を置いています。

　大部分の授業を在籍する通常の学級で受けながら、小・中学生は週に1〜8コマ以内、高校生は年間7単位以内の指導を受けます。内容は、自立活動と各教科の補充です。

　対象は、言語障害、自閉症、注意欠陥多動性障害、学習障害、情緒障害、弱視、難聴、肢体不自由および病弱・身体虚弱です。

　2019 年度の児童・生徒数は、小学校約 116,600 人、中学校約 16,800 人、高等学校約 800 人で、義務教育段階では全児童・生徒の 1.4%になります。

（5）その他の支援方法
1）交流教育

　特別支援学校や特別支援学級の児童・生徒が、通常学級の児童・生徒や地域の人と一緒に活動することを**交流教育**といいます。例えば、特別支援学級の生徒が、実技 4 教科の授業、給食、委員会活動、学校行事などを通常学級で参加することが挙げられます。

2）少人数や個別での指導

　通常学級に在籍する児童・生徒への支援として、特に苦手な科目や活動の時に、通常学級から取り出して別教室で個別あるいは少人数で授業を行うことがあります。この方法は**一斉指導**と異なり、学習者の能力や適性などの個人差に合わせて指導することが可能です（第 13 章参照）。

　例えば、中学校の数学科の授業で、一斉指導は一次方程式を扱っている時間に、別室で他の教員に分数の計算の指導を受けることが挙げられます。

3）ティーム・ティーチング（TT）

　授業や活動に複数の教員が入って、主たる教員が一斉指導をしている時に、他の教員がその科目や活動が苦手な児童・生徒を支援する方法です（第 13 章参照）。

　例えば、一斉指導中にサブの教員が板書や黙読する教科書の箇所を指示するなどの支援を行い、「どこをやっているのか」「何をしたらよいのか」がわからない児童・生徒を減らすことが挙げられます。

第10章 性格

10.1 性格とは

（1）性格とは

　性格は、個人の行動に一貫性や独自性を与えるもので、個性と言われる個体差をつくり出す心の働きのことです。性格は行動の情意的な側面を表すものです。性格を構成する要素は多様なので、ある程度基準を設けて整理しないと把握しきれません。そうした基準の1つに**類型論**と**特性論**があります。

10.2 類型論

（1）概要

　類型論とは、性格をいくつかのタイプに分類し、人々をそのタイプのいずれかに当てはめて、共通点や相違点を見ていこうという考え方です。

　長所は、性格の特徴を直感的に整理・把握しやすいことです。一方短所は、ある性格特徴の強弱などの細かい個性を把握しきれないことです。

（2）類型論の代表例
1）ユングの内向−外向型

　スイスの精神科医**ユング**(1875-1961)は、心のエネルギーが自分の外側に向かうか内側に向かうかで、性格を分類しました。外側に向かう外向型の人は、積極的、活動的、社交的、親しみやすい、素直、陽気とされています。内側に向かう内向的な人は、内気、無口、引っ込み思案、非社交的、細かいことを気にする、辛抱強い、物事を注意深く考えるとされています。

　そして、ユングは、意識や適応などの方向づけを行う心理的機能として、思考、感情、感覚、直観の4つを想定しました。これらと内向−外向を組み合わせて、性格を8類型に分けました。

2）体型と性格の関係
①クレッチマーの類型論

ドイツの精神医学者**クレッチマー**(1888-1964)は、体型と精神疾患の関係を検討しました。クレッチマーは体型を、やせてひょろ長い細長型、ずんぐりした肥満型、がっちりした闘士型（筋骨型）に類型化しました（図 10.1 参照）。

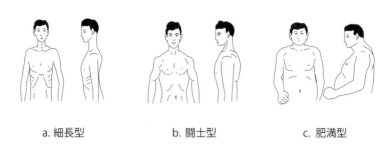

a. 細長型　　　　　b. 闘士型　　　　　c. 肥満型

図10.1　クレッチマーによる体型の分類

そして、体型と当時主要な精神疾患とされていた統合失調症、躁うつ病（双極性障害）、てんかんと体型の関連をまとめました。この結果、双極性障害は肥満型に、統合失調症は細長型に、てんかんが闘士型に多いとしました。

クレッチマーはさらに、これらの精神疾患になりやすい性格（病前性格）の特徴を、健常者も弱いながらも持っていると考えて、それぞれを**分裂気質、循環気質、粘着気質**と名づけました。調査の結果、細長型は分裂気質、肥満型は循環気質、闘士型は粘着気質との関連が強いとしました。それぞれの気質の特徴は、表 10.1 の通りです。

②シェルドンの類型論

アメリカの**シェルドン**(1898-1977)は、健常者の体型と性格の関係を検討しました。体型を発生的要因に注目して、**内胚葉型**（消化器官が発達した肥満体型）、**中胚葉型**（筋肉や骨格が発達した体型）、**外胚葉型**（中枢神経が発達した細身の体型）の 3 種に分類しました。

そして、性格の特徴をまとめて、**内臓緊張型**（穏やかで社交的）、**身体緊張**

型（攻撃的で精力的）、**頭脳緊張型**（寡黙、過敏、一人を好む）の3種に分類
しました。

　体型と性格の相関関係を調べた結果、内胚葉型と内臓緊張型、中胚葉型と
身体緊張型、外胚葉型と頭脳緊張型の間にそれぞれ正の相関がみられました。

表10.1　クレッチマーによる気質の特徴(Kretschmer, 1955)

分裂気質	第1群	基本特徴	非社交的、静か、控え目、まじめ
	第2群	過敏性	臆病、恥ずかしがり、敏感、感じやすい、神経質、興奮しやすい
	第3群	麻痺、鈍感、自発能力の減退	従順、気立てが良い、正直、落ち着き、鈍感
躁うつ気質	第1群	基本特徴	社交的、善良、親切、温厚
	第2群	躁状態	明朗、ユーモアがある、活発、激しやすい
	第3群	うつ状態	寡黙、平静、陰うつ、気が弱い
粘着気質	第1群	基本特徴	静かでエネルギッシュ、几帳面、硬い
	第2群	粘着性	くそまじめ、馬鹿丁寧、回りくどい
	第3群	爆発性	自己主張、興奮すると夢中になる、激怒しやすい

3）シュプランガーの性格類型

　ドイツの**シュプランガー**(1882-1963)は、人がそれぞれ何に価値を置くかと
いう**価値観**によって、性格を6類型に分けました。具体的には、理論型（真
理を大事にしたい）、経済型（効率を大事にしたい）、審美型（美を大事にし
たい）、宗教型（聖なるものを大事にしたい）、権力型（偉くなりたい）、社会
型（誰かの役に立ちたい）です。価値観が同じ人とは理解し合えて、違う人
とは難しいとされます。

　なお、シュプランガーは、自然科学的な因果関係による説明を求めず、個
人の直接体験の自己観察を重視する**了解心理学**という立場をとりました。

10.3　特性論

（1）概要

　特性論は、人の性格を複数の**性格特性**が集まったものと考えます。性格特性とは、様々な状況で一貫してあらわれる行動傾向です。各性格特性の強弱を確かめて、その組み合わせから個々人の性格の違いを理解しようとします。

　長所は、性格の細かい特徴まで個人差をみることができることです。一方短所は、個人の全体像までは把握しにくいことです。

（2）特性論の代表例

1）オルポートの性格理論

　アメリカの**オルポート**(1897-1967)は、性格特性にはある個人が固有に持つ**個別特性**と、多くの人々が共通して持つ**共通特性**があると考えました（高木,1991）。個別特性は事例研究などでとらえられます。共通特性は、検査などで測定可能で、他者との比較もできます。その後の特性論で用いられる特性は、この共通特性とされています。

　共通特性を示すものに、オルポートの心誌があります（図 10.2 参照）。

2）キャッテルの性格理論

　アメリカの**キャッテル**(1860-1944)は、性格特性を表す 4,500 語を分析して、35 のクラスターに分けました。これらは、外から観察できる特性として表面特性といいます。これに基づいて因子分析を行い、12 の根源特性を見出しました。さらに、質問紙や実験のデータをもとに、4 つの根源特性を加えて、16 の根源特性の強弱を測定する質問紙である **16PF** を作成しました。

3）アイゼンクの性格理論

　イギリスの**アイゼンク**(1916-97)は、因子分析という統計的手法により、性格は**向性**（個人が注意を向ける方向。内向－外向）と**神経症傾向**（情緒安定－情緒不安定）の 2 つの特性で構成されている（2 次元構造）と考えました。

この2つの特性の強弱から性格を測定するために、モーズレイ人格目録(MPI)
を作成しました。

　後に、**精神病傾向**（社会性を測定する）を加えた3つの特性で性格は構成
されている（3次元構造）と考えました。これらを測定するために、**アイゼ
ンク人格目録**（EPI）を作成しました。

一般的人格特性	態度	対価値	宗教的		非宗教的
			政治的		非政治的
			芸術的		非芸術的
			経済的		非経済的
			理論的		非理論的
		対他者	社会的知能上 （如才なさ）		社会的知能下
			愛他的 （社会的）		自己的 （非社会的行動）
			群居的		独居的
		対自己	自負的		自卑的
			自己客観的		自己欺瞞
	表出的		外向的		内向的
			持続的		動揺的
			拡張的		縮小的
			支配的		服従的
心理的生物的基礎	気質		感情強		感情弱
			感情広		感情狭
	知能		機械的知能上 （実際的）		機械的知能下
			抽象的知能上 （言語的）		抽象的知能下
	身体状況		活力大		活力小
			健康良		健康不良
			容姿整		容姿不整

図10.2　オルポートの心誌

表10.2　キャッテルの根源特性

躁うつ病	―	分裂気質
一般的精神能力	―	知能欠如
情緒安定性	―	神経症的情緒不安定性
支配性・優越性	―	服従性
高潮性	―	退潮性
積極性	―	消極性
冒険的躁うつ性気質	―	退嬰的分裂性気質
敏感で小児的・空想的情緒性	―	成熟した安定性
社会的に洗練された教養のある精神	―	粗野
信心深い躁うつ性気質	―	偏執性
ボヘミアン風の無頓着さ	―	月並の現実主義
如才なさ	―	単純さ

10.4　性格検査

　性格を測定する検査は、欲求、態度、情緒的特徴、不安などの心理的性質を測定するものです。**質問紙法**と**投影法**に大別できます。

（1）質問紙法
1）概要
　質問紙法とは、多数の質問項目に自由記述や「はい／いいえ／どちらでもない」などの選択肢から回答させて、性格をとらえようとする検査です。検査を受ける人が自分で回答を記入していく自己評定法で、主に検査を受ける人の意識レベルを評定するものです。

　長所は、実施が簡単で一度に大人数の検査ができること、採点が容易で数量化しやすいこと、解釈に主観が入りにくいことなどです。

　短所は、質問項目を受検者に誤解されることや、受検者に嘘をつかれたことが実施者にわかりにくいことです。

２）主な質問紙法検査
①MMPI（ミネソタ多面的パーソナリティ検査）

　550問の検査です。9つの臨床尺度（心気症、抑うつ、ヒステリー性、精神病質的偏倚、性格、偏執性、精神衰弱、統合失調症、躁病）と4つの妥当性尺度（回答に嘘がないかを判別するもの。Question、嘘構、妥当性、修正）からできていて、性格特性を多面的に把握することを目指します。

②矢田部・ギルフォード性格検査（YG性格検査）

　アメリカの**ギルフォード**(1897-1987)らの検査をもとに、矢田部達郎(1893-1958)が独自に作成した検査です。120項目の質問から、12の性格特性（抑うつ性、回帰性傾向、劣等感、神経質、客観性がないこと、協調性がないこと、愛想が悪いこと、一般的活動性、のんきさ、思考的外向、支配性、社会的外向）の高低がわかり、5つの性格類型（平均型、不安定積極型、安定消極型、安定積極型、不安定消極型）に分類できます。

③エゴグラム

　交流分析（第15章参照）の理論に基づいて、アメリカの**デュセイ**(1935-)によって考案された検査です。人間の心をCP（批判的な親）、NP（養育的な親）、A（大人）、FC（自由な子ども）、AC（従順な子ども）の5種類からできていると考えました。そして、その強弱を質問項目から測定して、棒グラフで表現できるようにした検査です。

（２）投影法
１）概要

　受検者にあいまいな刺激材料を提示して、自由な反応を分析・解釈する検査です。受検者の欲求、願望、情動、動機、葛藤、無意識などが結果に映し

出される（投影される）と考えられています。検査の多くは、個別で実施します。

　長所は、検査目的がわかりにくいため、受検者は嘘がつきにくく無意識的な反応をしやすいことです。

　短所は、分析や解釈が主観的になりやすいため、実施者には豊富な知識や経験が求められることです。

2) 主な投影法検査

①ロールシャッハテスト

　左右対称的なインクの染みのような漠然とした図形が載っている 10 種類の図版を見せて、何が見えるかとなぜそう見えたかを回答させます。スイスの精神科医**ロールシャッハ**(1884-1922)の研究をもとに発展しました。

②TAT（主題統覚検査）

　受検者に人物が登場する一場面を描いた図版を見せて物語を作らせます。その内容から、受検者の性格を知ろうとする検査です。アメリカの**マレー**(1893-1988)らが原版を発表しました。

③SCT（文章完成法）

　文章の初めの数語（例：「仕事」「家では」など）を複数提示して、その後に続く文を自由に書き加えさせて、それぞれの文を完成させる検査です。性格の知的側面、情意的側面、指向的側面、力動的側面と、それらを決定する身体的要因、家庭的要因、社会的要因を探ります。

④P-F スタディ（絵画欲求不満テスト）

　漫画風に描かれた 24 枚の欲求不満場面が示されて、相手に何かを言われて、**欲求不満**になるような目に合わされた人の空白の吹き出しに、思いつくセリフを埋めていきます。吹き出しに記入されたセリフから、その人の欲求や怒りの表現の仕方がわかるとされています。アメリカの**ローゼンツァイク**

(1907-2004)が考案しました。

⑤描画法テスト

クライエントが描いた絵からその心理状態を測定します。この方法を実施すると、性格がわかるだけではなく、治療的な効果も期待できます。代表的なものは次の通りです。

❶**バウム・テスト**：実のなる木の絵を描かせます。ドイツの**コッホ**(1906-58)が提唱しました。

❷**HTP 法**：家、木、人を描かせます。

❸**風景構成法**：決められた条件を提示して風景を描かせます。精神科医の**中井久夫**(1934-)が提唱しました。

（３）作業検査

一定の検査場面で指示に従って作業を行わせ、その反応結果から性格を査定します。日本では、ドイツの精神科医**クレペリン**(1856-1926)が考案し**内田勇三郎**(1894-1956)がまとめた**内田・クレペリン精神作業検査**が広く定着しています。

この検査は、1 桁の数字の足し算を連続して行わせる**連続加算作業**によって、その作業量の変化を指標にして、個人の性格特性や意志の働きを理解しようとします。

第11章　適応

11.1　適応と不適応

（1）適応とは

適応とは、個人と環境との調和がとれている状態です。個人の欲求を満たし、環境の要請にも応えている状況です。

個人の問題には、不安、衝動、怒りなどがあります。環境の問題には、家庭、学校、職場などになじめているか、人間関係が良好か、仕事ができているか、体調との折り合いがついているのか、経済的問題がないかなどがあります。

これらの問題のうち、個人の感情や対人関係などは、**心理療法**（第15章参照）による支援の対象となります。

（2）不適応とは

不適応とは、個人の欲求が環境と折り合いがつかない状況です。状況を変えるために、個人の認知や感情を歪めたり、環境を変えるために行動をしたりします。

不適応につながる環境の問題は、対人関係（例：死別、離婚、絶交、失恋）、退職、引っ越し、社会や文化のルールや慣習、経済的問題、身体的問題（病気、怪我、障害）などが挙げられます。

（3）不適応行動

不適応行動とは、不適応を脱するために個人や環境を変える行動が、極端であったり歪んでいたりして、不適切で自分や他者に害を与えるような行動のことです。問題行動ともいわれます。

不適応行動には、**反社会的行動**と**非社会的行動**があります。反社会的行動は、道徳、慣習、法律などの社会規範から逸脱して、他者に迷惑をかける行

動のことです。非社会的行動は、社会や他者との接触や関係を持つことを避けようとする行動です（表 11.1 参照）。

表 11.1　反社会的行動と非社会的行動

反社会的行動	嘘をつく、暴力、盗み、家出、脅迫、性的逸脱など
非社会的行動	不登校、緘黙、臆病、内気、無気力、引きこもりなど

11.2　欲求階層説

（1）欲求階層説とは

　アメリカの**マズロー**(1908-70)は、人の欲求を 5 段階の欲求階層に分けました（図 11 参照）。マズローは、下層の欲求が満たされると、上層の欲求が現れると考えました。人間はこれらの欲求を満たすために行動を起こします。

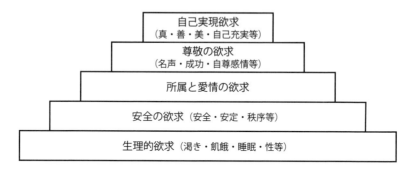

図 11　マズローの欲求階層

（2）欠乏欲求

　下層にある生理的欲求、安全の欲求、所属と愛情の欲求、尊敬の欲求を合わせて**欠乏欲求**といいます。

①**生理的欲求**：食欲、睡眠、呼吸などの生存に直結するものを求めます。

②**安全の欲求**：住み家や衣服など身の安全と防御を求めます。

③**所属と愛情の欲求**：集団に入ることや他者との親密性を求めます。

④**尊敬の欲求**：他者からの承認や自己尊重を求めます。

　欠乏欲求が満たされると、自分の能力や可能性を現在以上のものにしようという**成長欲求**が生まれます。

（3）成長欲求

　成長欲求である**自己実現欲求**は、他者の評価は関係なく、自分の可能性を開発・実現しようとする欲求です。例えば、真実、善、美、独自性、自立、完全性などを求めます。成長欲求を満たしている人を「自己実現した人」といいます。

11.3　フラストレーション

（1）フラストレーションとは

　何かの理由で欲求の対象を求める目標達成行動が妨害されて、欲求が満たされない状況を**フラストレーション（欲求不満）**といいます。フラストレーションによって緊張、興奮、混乱などが生じて、適切な行動がとれないことがあります。一般に、欲求の重要さやその人の要求水準によってその強さが変わります。また、適度なフラストレーションを経験することは、意志や忍耐力を身につけることにもつながります。（辰野ら, 1986; 浜村, 1994b）

　欲求を阻む障壁に対して、次の4種の反応を示します。

（2）障壁への反応

1）攻撃行動

　欲求を阻む障壁に対して、身体や言語で直接的な攻撃を加えます。予期しない障壁に急に出会った場合に起こしやすい行動で、怒りを伴います。

　障壁そのものに攻撃を加えられない場合は、八つ当たりや弱い者いじめの

ような転移や、自責や無気力のような自罰的な行動を起こすこともあります。

2）迂回行動

　障壁の存在にあらかじめ気づいている場合には、多少手間や時間がかかっても、障壁にぶつからないように回避しながら目標に近づく行動がとられます。

3）代償行動

　当初の目標に到達困難な場合には、それと類似した代理の目標を設定してそれを得て満足することもあります。**精神分析学**では**防衛機制**（11.5 節参照）としてまとめられています。

4）異常固定

　フラストレーションに対して、解決につながらない無駄な行動を行い続けることを**異常固定**といいます。異常固定が起きている時には、障壁を乗り越える意欲や自尊感情が低下しています。

（3）フラストレーションに耐える力

　フラストレーションに耐える力を**フラストレーショントレランス（欲求不満耐性）**といいます。強弱には個人差があり、気質や性格などのパーソナリティ、障壁や目標達成に使える手段に対する知識、ルールや価値観の認識などの要因が影響します。

　ローゼンツァイクは、欲求不満耐性を測定する心理検査として、P-F スタディを開発しました（第 10 章参照）。

11.4　コンフリクト

（1）コンフリクトの型

　同じくらいの誘意性をもつ目標が 2 つ以上存在する場合に、どちらを選ぶ

か決めかねている心理状態を**コンフリクト（葛藤）**といいます。**レヴィン**(1890-1947)によると、コンフリクト状態には典型的な型が3種類あります。

①**接近－接近型**：どちらを選んでも良いこと（正の誘意性）がある目標なので、どちらを選ぶか決めかねる状況。

②**回避－回避型**：どちらを選んでも悪いこと（負の誘意性）がある目標なので、どちらも選びたくなくて決めかねている状況。

③**接近－回避型**：1つの目標に良い面（正の誘意性）と悪い面（負の誘意性）があるため、決めかねている状況。

（2）それぞれの型の影響

接近－接近型は、欲張ってどちらの目標も取り損ねたり、より自分に近い方を選んだり、時間をずらして両方を得ようとしたりします。

回避－回避型は、どちらの目標からも目を背けて、退行や逃避を起こしたり、不安やうつを発生させたりする可能性があります。

接近－回避型は、目標に対して愛憎半ばの**アンビバレンツ（両価性）**という感情を持ち、いら立ちや不安を募らせる可能性があります。

11.5 防衛機制

（1）神経症的防衛機制

個人内の葛藤や環境によって生じる不安や衝動から自分を守るための心の働きを**防衛機制**といいます。防衛機制は、通常は自我が無意識的に行います。

防衛機制は、**精神分析学**の**フロイト**が提唱し、娘の**アンナ・フロイト**(1895-1982)ら自我心理学派に引き継がれました。防衛機制には欲求不満や葛藤に対する消極的な対応から積極的で適応的な側面まであると考えます。

これらの防衛機制は、発達段階によって活性化されるものが異なるとされています。代表的なものは表 11.2 の通りです。（前田，1985；袴田，1987；高木，1991 より）

表11.2 代表的な神経症的防衛機制

種類		内容	例
抑圧	repression	不快・苦痛をもたらす感情、欲求、記憶を無意識に抑え込む	臭いものにはフタ
逃避	escape	空想、他のもの、病気などに逃げる	白昼夢。家庭を顧みず、仕事に打ち込む
退行	regression	不快や苦痛に対して、今よりも前の発達段階に戻り、未熟な行動をとる	指しゃぶりをする
置き換え	displacement	感情や欲求を向ける対象を変える（代理満足）	八つ当たり
代償	substitution	満たされない欲求を別のもので満足する	妥協する
転換	conversion	不満や葛藤が身体症状で現れる	嫌なことがあると、無意識に具合が悪くなる
昇華	sublimation	欲求や感情を、社会的に受け入れられる別のものに置き換える	怒りをスポーツで発散する
補償	compensation	劣等感を別のことを伸ばすことで補う	勉強ができないから、スポーツをがんばる
反動形成	reaction formation	本心とは正反対のことを言ったりやったりする	好きな子をいじめる。嫌いな相手に親切にする
打ち消し	undoing	罪悪感や恥を伴う空想や行動を、それとは正反対の空想や行動をし直して「なかったこと」にする	強迫行為
隔離	isolation	対立する思考、感情、行動を切り離す	嫌いな相手と一緒に淡々と仕事をする
投射(投影)	projection	自分が相手に向ける感情や欲求を、相手が自分に向けていると思う	自分が相手を嫌いなのに、相手が自分を嫌いと知覚する
取り入れ	introjection	相手の属性を自分のものにする	投影の反対
同一視(化)	identification	自分をすばらしい人やものと同じだとみなす	まねをする
合理化	rationalization	自分の行動を正当であるように理由づける	すっぱいぶどう
知性化	intellectualization	感情や欲求を直接に意識化せず、知的な認識や考えでコントロールする	理屈っぽい話をしたがる

（２）原始的防衛機制

　対象関係論の**クライン**(1882–1960)らは、口唇期について検討することで、早期の乳児が活発に用いる防衛機制を見出しました。これらを原始的防衛機制といいます（表 11.3 参照）。自我の発達が十分でない幼い子どもだけではなく、成人にも起きると考えられています。

表 11.3　原始的防衛機制

種類		内容	例
分裂	splitting	対象や自己についての「良いもの」と「悪いもの」を切り離して、別個のものとする	サンタは父親と知りながら、サンタさんを信じる
投影同一視	projective identifica-tion	分裂した自己の一部分（良いもの、悪いもの）を外界の対象に投影する。そして、投影された自己の部分と外界の対象を同一視する	相手の気持ちを先取りして満たす（忖度）
否認	denial	不安や苦痛に結びついた現実から目をそらす	病気と言われることが怖くて、再検査を受けない
原始的理想化	primitive idealization	相手の良いところだけを見て、悪いところを見ないようする	あばたもエクボ
価値切り下げ	devaluation	理想化していた対象に満足できないと、全く価値がないものであると過小評価する	何の取柄もない人

第12章　評価

12.1　教育評価とは

（1）教育評価の定義

　教育評価とは、教育によって生じた生徒の変化を教育目標に照らして判定し、その変化に関わる諸条件について反省し、改善する試みのことです。

（2）教育評価の目的

　教育評価は、指導、学習、管理、研究の４点を目的に行います。

　①指導目的：指導者が指導の反省と改善をするため
　②学習目的：学習者が学習の反省と改善をするため
　③管理目的：管理・運営の反省と改善のため
　④研究目的：教育研究のため

（3）教育評価の方法

　教育評価は次の３段階で行います。第１段階では評価目標を設定します。第２段階では評価技術を選択・実施します。第３段階では資料を解釈して教育を反省・改善します。

12.2　評価基準による分類

　何を基準に評価するかによって、**相対評価、絶対評価、到達度評価、個人内評価**に分類できます。

（1）相対評価
1）概要
　学習者個々人の学習の成果を、所属する集団の成績分布のどの位置にする

かで示す評価です。集団に準拠（根拠に）した評価です。結果の表示には、偏差値、パーセンタイル、段階点などを用います（図 12.1 参照）。

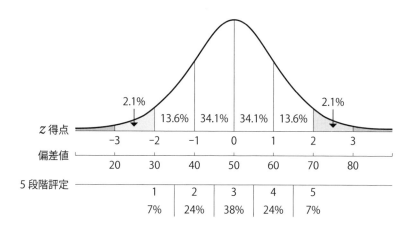

図 12.1　正規分布に基づく偏差値と 5 段階評定

2）偏差値

　得点の換算点の 1 つで、平均が 50、標準偏差が 10 となります。偏差値 50 はその集団の普通、50 より高いと優秀、50 より低いと劣等と見なされます。偏差値は、$T = 10z + 50$ の式で算出されます。

　※ $z =$（個人の得点－全体の平均）÷ 全体の標準偏差

　偏差値の分布を見ると、その集団の 2/3 が偏差値 40〜60 の間に入ります。また、偏差値 70 以上および 30 未満は全体の約 2％しかいません。このため、70 以上は極めて優秀、30 未満は極めて劣等という評価になります。

　この偏差値を利用して、**学力偏差値**や**知能偏差値**を求めることができます。

3）長所と短所

　相対評価の長所は、主観が入りにくく、客観的で信頼性が高いことや、集団内で他者と比べてどのくらいの位置にいるかがわかりやすいことです。

短所は、課題の理解度や到達度を表しているとは限らないことや、個人内の変化（例：3 か月前より点数が上がった）はわからないことです。

（2）絶対評価
1）概要
あらかじめ定めた学習目標を達成できたかどうか、どの程度達成できたかを表す評価法です。目標に準拠（根拠）した評価です。結果は、定員のない段階評価、合否、100 点満点の素点などで表します。

例えば、大学の講義ならば、理論上全員合格も全員不可もありえます。

2）長所と短所
絶対評価の長所は、課題の理解度や到達度がわかることです。短所は、集団内の順位がわかりづらいことや、評価が主観的になりやすいことです。

（3）到達度評価
1）概要
学習者に求められる成績の到達水準である到達目標に対して、学習の結果どの程度到達できたかで評価する方法です。学校教育で用いられる評価の観点は、「知識・技能」「思考・判断・表現」「主体的に学習に取り組む態度」が挙げられます。

例えば、知識という観点では、学力を豊富な知識量ととらえます。この場合、覚えることを重視して、知識が身についたかどうかは正誤問題や空欄補充問題で調べます。

2）長所と短所
到達度評価の長所は、良かったところと改善点がわかりやすいこと、学習意欲が高めやすいことです。短所は、基準の設定が難しいこと、集団内での順位がわかりづらいことです。

（4）個人内評価
1）概要
　学習者本人の内部にある基準と比べる評価方法です。例えば、同じ教科の過去の成績、他の教科の成績、知能検査などと比較します。

2）長所と短所
　個人内評価の長所は、その学習者の進歩や発達が把握できること、他者との比較ではなく、本人の変化を評価できることがあります。この結果、学習意欲が高めやすくなります。短所は、学習目標の到達度はわからないこと、評価が主観的になりやすいこと、集団内の順位がわかりづらいことです。

12.3　評価時期による分類

　いつ評価を行うか、時期によって評価を分類することもできます。アメリカの**ブルーム**(1913-)らは、教える前に行う評価を**診断的評価**、教えている最中に行う評価を**形成的評価**、教えた後に行う評価を**総括的評価**と分類しました（13.2節参照）。ブルームは特に形成的評価を重視しました。

（1）診断的評価
　学習活動を開始する前に行う評価です。例えば、学年・学期や単元の初めに行います。方法として、クラス分けテストなどが挙げられます。
　この評価の目的は、学習者の**レディネス**（準備）を調べることや、その学習者にふさわしい指導方法を決めることにあります。

（2）形成的評価
　学習活動の途中で行う評価です。例えば、小テスト、ノート提出、活動中の様子の観察、挙手の状況などから判断されます。
　この評価の目的は3つあります。①学習者の理解度や到達度を把握すること、②それにより指導者の指導方法の適切さを判断すること、③これらの状

況を学習者および指導者にフィードバックすることです。

（3）総括的評価

学習活動の最後に行う評価です。例えば、単元の終わり、学年末・学期末
に行います。その方法には、定期試験や卒業試験などがあります。

この評価の目的は、学習者の成績を決定することです。その他に、学習者
の学習活動全般、指導者の指導計画や方法を反省・改善する意味もあります。

12.4 評価の材料

（1）テスト

評価のために、学習者に質問をして回答を求める方法です。どの指導者が
実施しても客観的な評価ができるテストには、**再認形式**（質問に対する正誤、
選択肢から回答を選ぶ、2 つの語群の間で関連のある組み合わせを見つけ出
す）や、**再生形式**（空欄に単語を入れる、語句を並び替える、間違いを見つ
ける）があります。

（2）作品・実技

学習者が作成した作文、絵画などの作品によって、興味、関心、思考、技
能を評価できます。スポーツや音楽のような実技は、技能を評価できます。

（3）観察

学習者の授業やトレーニングなどの様子、挙手や発問などの自発的な行動
を観察することによって、評価のための情報を得ることができます。例えば、
形成的評価を行うために重要な情報を得られます。

12.5　評価を歪ませるもの

　評価は人が行うものなので、指導者の主観などが入り込んで、評価が歪むことがあります。ここでは評価の歪みに影響する要因を紹介します。

（1）指導者の期待による歪み

　指導者が学習者に期待を持つと、学習者の成績や能力が向上することがあります。この現象を**ピグマリオン効果**といいます。アメリカの**ローゼンソール**(1933-)らが実験により示したもので、**教師期待効果**、**ローゼンソール効果**ともいいます。

　ピグマリオン効果の反対の現象を**ゴーレム効果**といいます。指導者から期待されていない学習者には、能力や成績が向上しないことが起こります。

　ピグマリオン効果とゴーレム効果のことを**自己成就予言**といいます。これは、ある期待や思い込み（予言）を持つと、それに沿うように現実を歪めてとらえたり行動したりするために、結果として「予言」通りの現実を引き出してしまうというものです。つまり、学習者が指導者に期待されているか否かを察知してやる気が変わるために、結果として指導者の「期待」通りになるということです。

（2）主観的な判断による歪み

　成績や記録、出欠などの客観的な指標ではなく、指導者の主観的な判断で評価すると、評価が歪むことがあります。これを**認知的バイアス**といいます。ここではその代表例を紹介します。

1）ハロー（光背）効果

　学習者が何か優れた特徴を持っていると、それ以外のことも優れているだろうと判断してしまうことです。例えば、「成績が良い生徒なので、意地悪なことはしないだろう」と判断することです。**ソーンダイク**が提唱しました。

2）中心化傾向（中心化エラー）

　評価するときに、極端に高い点数も低い点数もつけずに、真ん中付近の点数ばかりをつけることをいいます。例えば、5段階評定ならば3ばかりつけるとか、小論文の点数が100点満点で50点前後の得点ばかりになることなどが挙げられます。

　入試や進級試験など、評価対象者にとって結果が重要な場合や、評価者に自信がない時などに、リスクを避けるために起こりやすくなります。中心化傾向が起きると、評価に差がつかなくなります。

3）寛大化バイアスと厳格化バイアス

　単元、種目、学年など、評価の対象や内容が変わっても、一貫して実際よりも甘く評価してしまうことを**寛大化バイアス**といいます。評価者の自信のなさなどによって起こります。

　反対に、一貫して実際よりも厳しく評価することを**厳格化バイアス**といいます。こちらは、評価者の信念や学習者との相性などによって起こります。

4）論理誤差

　事実確認や論理的な分析を行うのではなく、推論で評価してしまうことです。

5）対比効果

　評価対象者と比較する人を設定して比較をすることで、評価が歪むことをいいます。例えば、試験の点数など客観的な指標ではなく、「Aさんに比べればまし」とか、「Bさんに比べてできない」という評価になります。

（3）課題の難易度による歪み

　課題が簡単すぎて、受験者全員が高い点数を取ってしまい、評価に差がつかないことがあります。これを**天井効果**といいます。

　反対に、課題が難しすぎて、受験者全員の点数が低くなってしまい、評価

に差をつけられないことを**床効果**といいます。

（4）人間関係による歪み

　集団の物理的条件ではなく、人間関係を調整すると成員の集団への満足度
や成績が上がることがあります。これを**ホーソン効果**といいます。

　ホーソン効果を見出したホーソン研究では、工場での生産効率を上げるた
めには、照明、休み時間、労働時間、給料の払い方などの条件を変えること
よりも、人間関係の調整が最も効果的であったという結論が得られています。

第13章 学習指導

13.1 教授－学習過程

　学習者の学びのために、指導者は適切な働きかけを行う必要があります。授業やトレーニングなどの流れの中で起きる、指導者の働きかけを**教授活動**、学習者の学びを**学習活動**といいます。この教授活動と学習活動の相互作用の過程を、**教授－学習過程**といいます。そして、指導の内容や方法に関する理論を**教授－学習理論**といいます。次の13.2節で代表的なものを紹介します。

13.2 教授－学習理論

（1）問題解決学習と系統学習

　まず、問題解決学習は、学問的体系にこだわらずに、社会生活上の様々な問題に取り組む学習方法です。学習者が目的に向けてその手段を見つけていきます。問題解決学習は、アメリカの**デューイ**(1859-1952)が提唱しました。

　一方、系統学習は学問の体系に沿って進められる学習形態です。基礎的な事柄の学習を目指します。問題解決学習と系統学習は対語ですが、矛盾し対立することではありません。このため、学習者の状況に応じて、組み合わせて使うことができます。

（2）プロジェクト法

　学習者に自らの問題を、①目的の明確化 → ②計画立案 → ③遂行 → ④評価という手順で自主的に解決させる学習方法です。デューイの弟子で教育学者の**キルパトリック**(1871-1952)が考案しました。

（3）プログラム学習

　アメリカの**スキナー**が考案しました。**オペラント条件づけ**の理論（第 2 章

参照）に基づく個別学習の方法です。具体的には、**ティーチング・マシーン**という装置を使い、学習者ごとに問題を提示して解答させます。教材の内容は、細分化して系統的に配列したものであり、学習者は自身の能力に応じた内容を学びます。

　プログラム学習は、次の 5 原理から成り立っています。

　①スモールステップの原理：目標を細かく分けます。

　②即時フィードバックの原理：強化はすぐに与えます。

　③積極的反応の原理：学習者に自発的反応を求めます。

　④自己ペースの原理：学習者の個人差に応じて学習速度を変えます。

　⑤フェーディングの原理：初めはヒントを与え、徐々に与えなくします。

（4）発見学習

　アメリカの**ブルーナー**(1915-2016)が提唱しました。学習指導は指導者に一方的に与えられるものではなく、学習者自身に知識を構築させることを目指します。指導者は、学習者の探索活動や検証活動を助けるために、問題提起や質問などを行います。

　長所は、問題解決の技能育成や**内発的動機づけ**を高める効果が期待できることです。一方短所は効率が悪いことです。

（5）有意味受容学習

　アメリカの**オースベル**(1918-2008)が提唱しました。受容学習とは、指導者から伝達させる知識を、学習者が一方的に受け入れる学習です。その中で、新しく学習する知識を、学習者がすでに持っている知識体系に関係づけて受け入れる工夫を行うことを**有意味受容学習**といいます。

　学習の前に渡される情報を**先行オーガナイザー**といいます。そして、後から渡す情報との関係が深いと説明オーガナイザー、対比関係にあると比較オーガナイザーと呼びます。

（6）完全習得学習

　アメリカの**キャロル**(1916-)や**ブルーム**らが提唱しました。達成すべき目標
を明確にして、参加するほぼ全ての学習者が到達することを目指す学習指導
法です。合理的な評価を行ったうえで、それに基づく適切な指導を行います。
例えば次のように行います。

①指導開始前に学習者の能力を事前診断します。これを**診断的評価**といい
　ます。
②この結果に基づき、指導方法や指導形態を考えます。指導内容は細かい
　単元に区切ります。ここは**一斉指導**（13.3節参照）も可能です。
③単元終了後にテストを行います。これを**形成的評価**といいます。
④形成的評価の結果をもとに、個別指導や小集団指導を行います。
⑤すべての単元が終了したら、最終テストを行います。これを**総括的評価**
　と言います。総括的評価の段階で、ほぼ全員が絶対評価で最高位を得ら
　れることを目指します（各評価については12.3節参照）。

（7）範例学習

　教材の中からお手本（範例）となるような本質的・基本的な事例を精選し
て、それを学習の主題とします。範例を集中的に学ぶことで、基本を習得す
るとともに、応用や全体の理解に広げることを目指します。1951年に西ドイ
ツで開催されたチュービンゲン会議で提唱されました。

13.3　学習指導の形態

（1）学習者の人数による分類

　指導者が受け持つ学習者の数によって、指導方法を一斉指導、小集団指導、
個別指導の3種類に分類できます。

1）一斉指導

　一人の指導者が集団全員に同一の時間、内容、同一速度で指導する方法で

す。長所は、多数の学習者を一人の指導者で効率的に指導できることです。
短所は、個々の学習者に合わせた指導ができないことです。

2）小集団指導

　集団をいくつかのグループに分けて、それぞれのグループごとに指導を行
う方法です。一人の指導者で各グループを指導したり、グループごとに指導
者がついたり、各グループ内で学習者の中から指導をするメンバーが現れた
りします。

3）個別指導

　指導者が学習者一人ひとりを、能力や適性などの個人差に合わせて指導す
る方法です。学習者が自分の速度で、先に進んだり同じ課題を繰り返し行っ
たりすることができます。

（2）指導方法による分類
1）講義法

　指導者が理解させたい事柄を学習者に一方的に話して聞かせる方法です。
学習者に情報を与えて、知識を理解させることが中心となり、学習者の主体
的な活動は最小限に抑えられます。

　言語による情報提示が中心ですが、視聴覚教材（例：図表、地図、写真、
動画など）で補充することもあります。

2）討議法

　学習者間の話し合いによって学習を進めさせる方法です。互いの考えを出
し合い、共通理解を図りながら、問題解決を目指します。学習者の主体性や
社会性が高まります。

3）観察・実験・実習

　知識や技能の習得を、直接経験や生活体験を通して進める学習方法です。

観察学習（第 2 章参照）も含まれます。経験したことをレポートなどで報告させると、学習者の自発的な学習意欲が高まります。

4）劇化法

　学習をごっこ遊び、脚本劇、人形劇などで動作化したり、演劇的な表現手段を取り入れたりすることで、理解を深めさせる方法です。

（3）複数の指導者で行う学習方法

　指導は一人だけで行うものではなく、複数の指導者で行う形式もあります。代表的なものを 2 種類紹介します。

1）助教法（モニトリアル・システム）

　優秀な学習者をモニター（助教）として、指導者の監督・指導の下で他の学習者を指導させる方法です。この方法は、指導者一人で多くの学習者を指導することを可能にしました。イギリス産業革命期に開発されました。

2）ティーム・ティーチング（TT）

　複数の指導者がティームを組んで、協力して指導に当たる方法です。一人の指導者が一斉指導をしながら、他の指導者が必要とする学習者に個別指導を行ったり、小集団指導で各グループに指導者がついたり、ある指導者の指導が独善的にならないように他の指導者が一緒にいることで歯止めになったりという活用方法が考えられます。1950 年代にアメリカで考案されました。

（4）学習指導の時間と場の設定
1）オープン・エデュケーション

　教育を社会的変化や学習者のニーズに対応できるように、自由度や柔軟性が高いものにするという理念や実践です。教育は、各学習者の関心に基づいて行われることを原則とし、物理的・心理的な障壁を取り除き、開かれた学習環境を目指します。学校を例にすると次の 5 点が挙げられます。

①教室間の壁を取り払ったり、学校施設全体を使ったりします。

②学級や学年の枠を取り払います。

③教科の枠を取り払います。

④学習者が自由に活動を選べます。

⑤指導者は担任だけとは限りません。

このようなオープン・エデュケーションの理念で教育を行う学校を、オープン・スクールといいます。

2）モジュラー・スケジューリング（モジュール方式）

時間割編成の柔軟化・最適化を図る方法です。学習時間の基本単位時間（モジュール）を、通常の授業時間より短い15〜20分として、学習内容や方法など、および学習者の能力や発達段階などに応じて、モジュールの数を組み合わせます。

学校を例にすると、ある学習を1時限ずつで区切るのではなく、活動に必要な時間の長さに応じて、朝の読書が1モジュール（15分）、算数が3モジュール（45分）、運動会の練習を5モジュール（75分）というような時間割編成ができます。

（5）小集団指導の例

1）バズ学習

討議法の1つであるバズ・セッション（アメリカの**フィリップス**による）を、**塩田芳久**(1912-88)が学習指導に用いたものです。バズ・セッションとは、全体を6名程度の班に分けて討議した後で、班ごとの結果を全体に発表して共有する**討議法**です。

2）ジグソー学習

アメリカの**アロンソン**(1932-)らが考案した班学習の一種です。まず、全体を班に分けます。この時できた班を原グループといいます。次に、その時の学習に関係するテーマごとにグループを作り、各原グループからメンバーを

出し合ってそのテーマを学習します。そして、学習したテーマを原グループに持ち帰り、各グループで発表して共有します。

3）ブレーンストーミング

　アメリカの**オズボーン**(1888-1966)が考案しました。課題について自由に意見を述べ合う班学習の方法です。お互いの意見を否定せずに、思いついたらそのまま、できるだけ多く出し合うことを目指します。

13.4　適性に合わせた学習

（1）適性処遇交互作用

　ここまで様々な学習指導を紹介してきましたが、実際の指導は学習者に合わせて行う必要があります。このことを説明するものに、アメリカの**クロンバック**(1916-2001)による**適性処遇交互作用**（ATI）があります。これは、学習の成果は、与えられた指導（処遇）だけでも、学習者の適性だけでも説明できず、処遇と適性の組み合わせで説明できるという考え方です。つまり、ある指導方法によって得られる成果は、学習者の適性によって異なるということになります。

　適性には、知能や学力だけではなく、性格、興味、社会的態度、認知スタイルなども含まれます。

（2）代表例

　適性処遇交互作用を実証する研究に、スノーらの調査（1965）があります。この研究では、指導方法と学習者の適性の関係を大学の授業で調査しました。まず、授業の方法として、映像による授業と教員による対面授業の２クラスを用意しました。そして、大学生に適性検査を行い、対人積極性尺度の得点で高群・中群・低群に分けました。

　両クラスとも授業の最後にテストを行った結果、対人積極性中群の学生の成績には大差がありませんでしたが、低群では映像による授業の受講生の得点が高く、高群では対面授業の受講生の得点が高いという結果になりました。

第14章 集団

14.1 集団の種類

　集団とは、単純に人が集まっているだけではありません。集団として目的を持って、そのために成員（メンバー）がやり取りをして、共通の決まり事（規範）を作り、それぞれに役割がある集まりのことをいいます。

（1）内集団と外集団

　自分が所属している集団を**内集団**、所属していない集団を**外集団**といいます。集団の内と外を分ける境界が存在し、内集団への所属意識や自分との同一視が強くなると、この境界をより強く意識するようになります。

　境界意識が強くなると、内集団と外集団を区別してみるようになります。内集団のことは好意的にみて（**内集団びいき**）、成員のことをより細かく認知します。一方、外集団への非好意的な見方が、偏見や差別につながることもあります。

（2）公式集団と非公式集団

　公式集団（フォーマルグループ）とは、公的な制度や規則とともに、特定の役割や地位が存在する客観的な集団のことをいいます。例えば、学校の学級や部活動などが当てはまります。

　非公式集団（インフォーマルグループ）とは、成員同士の好意や信頼などの心理的な要素によって、自発的に作られた集団のことをいいます。例えば、学校の中での友人集団などが当てはまります。

　公式集団と非公式集団は、1つの組織内に同時に存在していることが多いものです。例えば、学級や部活動の中には、仲の良い友人集団にいくつか存在していることがあります。

14.2 リーダーシップ

（1）リーダーシップとは

　集団がある程度大きくなると、自然発生的あるいは意図的に集団を指導する立場に置かれる人が生まれます。そして、他の成員に影響を与え始めます。このような存在を**リーダー**といいます。そして、その影響の与え方、集団の目標達成や集団の維持のための働きを**リーダーシップ**といいます。

（2）PM理論

　リーダーシップを説明する有力な理論には、**三隅二不二**(1924-2002)が提唱した **PM理論**があります。この理論では、リーダーシップを目標達成機能（Performance: P 機能）と集団維持機能（Maintenance: M 機能）の 2 次元に分類しました。

　P 機能は、集団に知識や技能を指導したり、方向性を示したり、目標達成度合いを吟味したりしながら、意思決定をする機能です。

　M 機能は、集団内の緊張や対立の緩和や、成員一人ひとりのケアを行い、集団の凝集性を維持する機能です。

　P と M の高低を組み合わせると、PM 型（P と M がともに高い）、Pm 型（P が高く M が低い）、pM 型（P が低く M が高い）、pm 型（P と M がともに低い）という 4 つのリーダーシップスタイルに分けることができます。学校を例にすると、児童・生徒の学級活動への意欲や学級全体の連帯感を最も高めるのは、PM 型の教員です。

（3）リーダーのタイプの影響

　アメリカの**リピット**(1914-86)と**ホワイト**(1907-2007)の研究では、10 歳の少年 5 人のグループに成人のリーダーを 1 人つけました。リーダーは独裁型、民主型、放任型の 3 種類を用意しました。

　まず、独裁型のリーダーが率いたグループは、リーダーへの依存性が高まりました。そして、仲間同士での敵対行動や弱いものいじめが見られました。

さらに、リーダーが居ない時は自分から動きませんでした。

　次に、民主型のリーダーが率いたグループは、集団内の人間関係が良好で、仲間同士で誉めあいました。つまり、集団意識が高まりました。

　最後に、放任型のリーダーが率いたグループは、民主型と比べて、遊んでいる時間が長く、作業のできが劣っていました。

14. 3　集団の形成

　指導者と学習者から成る集団は、結成時と時間が経過した後では様子が異なります。ここでは、学級集団の発達を例に、集団が変化する様子を説明します。

（1）学級集団の発達過程

　学級は、孤立期　→　水平的分化期　→　垂直的分化期　→　部分集団形成期　→　集団結合期と移行します（図 14.1 参照）。

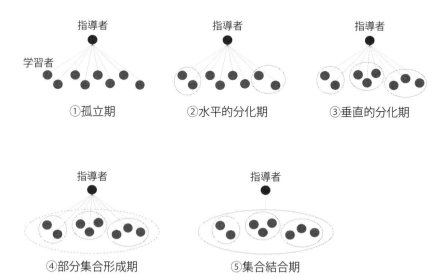

図14.1　学級集団の発達過程

①入学当初は成員同士が孤立しています（孤立期）。

②しだいに成員同士で結びつきができて、いくつかのグループができます。そのグループの中に**リーダー**とフォロワー（つき従う人）が生まれ、閉鎖性が強まります（水平的分化期 → 垂直的分化期 → 部分集団形成期）。

③さらに、小集団がいくつか見られても、それらが学級という集団の中にまとめられて、集団として機能するようになります。

（2）友人関係の発達

1）ギャング・グループ

児童期の中期・後期になると、自発的に仲間集団を作り、同じ目的を持って一緒に行動するようになります。このように、仲間同士の結びつきが強く、仲間以外を中に入れない集団を**ギャング・グループ**といいます。そして、こうしたグループができる時期を**ギャング・エイジ**といいます。

ギャング・グループは、第6章でも説明したように、数名の同性の成員で構成されています。グループ内の役割分担や**リーダー**とフォロワーが明確で、成員だけに通用する約束や秘密があります。そして、仲間以外の個人や集団を受け入れず、大人（親や教員）の干渉を嫌います。

2）チャム・グループ

チャム・グループは、中学生頃に作られて女性に顕著に見られます。特徴は、内面的な類似性の確認により一体感を持つことで、いわゆる「仲よしグループ」です。趣味やクラブ活動などで結ばれ、境遇、生活感情などを含めて、お互いの共通点、類似性を言葉で確かめ合います。

3）ピア・グループ

ピア・グループは、高校生頃に作られます。特徴は、チャム・グループの関係の上に、互いの価値観や理想、将来の生き方などを語り合い、異質性をぶつけ合い、他との違いを明らかにしつつ、自立した個人と共存できることを目指すグループです。

3 つのグループの特徴や関係は、図 14.2 のようにまとめることができます。

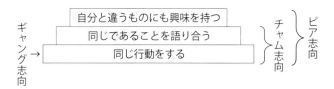

図14.2 友人グループの特徴

14.4 集団のアセスメント方法

集団内の関係を測定する方法には、例えば**ソシオメトリック・テスト**や**ゲス・フー・テスト**があります。

（1）ソシオメトリック・テスト

集団成員の中で好き嫌いを調べる**ソシオメトリー**を用いて、人間関係を知るテストです。**モレノ**(1889-1974, ルーマニア出身)が考案しました。ある条件の下で、成員の中で好きな成員と嫌いな成員を選ばせます。(吉村, 2004a)

このテストには、指名法と評定法があります。指名法は、集団の中で好きな成員と嫌いな成員を数名ずつ挙げてもらう方法です。評定法は、成員一人ひとりをどのくらい好きか（例えば 5 段階）評価してもらう方法です。

指名法で得られた結果を図（**ソシオグラム**）や表（**ソシオマトリックス**）に集計すると、集団内の人気の有無や小グループの存在がわかります。

それぞれの成員は、他の成員からの評価で、人気者（多くの成員から選ばれる）、拒否者（多くの成員から避けられる）、周辺者（他の成員から選ばれるが、他の成員を選べない）、矛盾者（選ばれる成員と拒否される成員がほぼ同じ）、無視者（他の成員から選ばれない）、平均者などに分類されます。

（2）ゲス・フー・テスト（guess-who test）

集団に所属する個人の役割や地位を、集団成員同士の相互評価によって判

定する方法です。行動特性について望ましい面と望ましくない面を一組の質問にして提示して、それに当てはまる集団成員を回答させます。例えば、明朗性を表す質問として、「いつも明るく、ほがらかで、楽しそうな人は誰でしょう」と「いつもさびしいようすで、つまらなそうな人は誰でしょう」という組み合わせを用意します。(吉村，2004b)

　回答を集計すると、各成員が望ましい行動特性と望ましくない行動特性のどちらが強いかということや、指名数から集団内でどのくらいの人に知られているかなどがわかります。

　成員同士の相互評価によって、指導者が知らなかった人物評価や、指導者とは正反対の評価が出てくることがあります。

第15章 相談

15.1 教育相談

（1）教育相談とは

　教育場面では、学習者に起きた問題について、指導者などが本人、保護者、他の指導者などと面接をして指導・助言を与えることを**教育相談**といいます。

　教育相談は開発的相談と治療的相談に分けられます。**開発的相談**とは、全ての学習者を対象に、生活、学習、進路などについて指導・助言を与えるものです。**治療的相談**とは、心因性の問題行動が見られる学習者を対象とするものです。

（2）教育相談を行う人

　教育相談を学校で行う場合には、担任教員を中心にその学校の教員が相談に応じます。その他に、教育相談を担当する教員（例：教育相談コーディネーターなど）や養護教諭（保健室を担当する教員）などが相談を受けることもあります。

　学校外で教育相談を行う場合には、教育委員会の担当課（教育課程、学習指導、生徒指導に関する相談、助言、指導）、都道府県・市区町村の教育相談センター（性格、行動などへの相談）、市区町村の教育支援センター・適応指導教室（不登校児童・生徒の学校復帰を支援）、特別支援学校（障害全般についての相談、学校支援）などが相談を受け付けます。

　相談を受ける人には、教員以外に教育相談を行う専門職がいて、臨床心理士や公認心理師などの資格を持つ人が務めています。こうした資格を持つ専門職は、学校外に専門機関だけではなく、学校内にスクールカウンセラーやスクールソーシャルワーカーなどとして配置されていることもあります。

15.2 カウンセリング

（1）カウンセリングとは

カウンセリングとは、治療的相談のように、心理的な問題があって援助を求める人に、専門家が心理的援助を提供することです。知識ややり方を教えるだけではなく、相談に来た人の感情も取り扱います。これを感情的交流関係といいます。

カウンセリングは、心理療法と比べるとより健康度が高い人を対象としています。ただし、日本ではカウンセリングと心理療法が混同されることが多いようです。

（2）カウンセラーとクライエント

カウンセリングでは、援助を求める人を**クライエント**、援助を行う人を**カウンセラー**といいます。そして、クライエントが初めて訪れた際に受ける面接を受理面接（インテーク面接）といいます。この面接でクライエントの話を聴いて援助に必要な情報を集めて、問題のアセスメントを行います。

（3）カウンセリングの基礎
1）ラポール（ラポート）

クライエントとカウンセラーの間の暖かい相互信頼的な情動関係のことです。ラポール（信頼関係）があると、自由に安心して感情的交流ができます。

2）傾聴

クライエントの話し方や内容に興味・関心をもって、積極的に耳を傾けて、受け止めようとする態度のことです。カウンセラーが傾聴すると、クライエントは話をしやすくなります。

3）カウンセラーが取るべき態度

カウンセリングが効果的に実施されるために、カウンセラーがクライエン

トに対して取るべき態度があります。例えば、クライエント中心療法を提唱
した**ロジャーズ**は、次の3条件を挙げています。

①**無条件の肯定的関心**：クライエントの経験を、評価無しに暖かく無条件
　に受容する態度のこと。
②**共感的理解**：クライエントの個人的な世界を、あたかもカウンセラー自
　身のものであるかのように感じ取ること。
③**自己一致**：クライエントを目の前にして感じていることを、否認したり
　歪曲したりしないこと。純粋性ともいいます。

　これらをカウンセリング・マインドと呼ぶこともあります。

（4）カウンセリングの方法
1）指示的カウンセリング
　カウンセリングでは、クライエントにとって必要な情報を提供すれば、ク
ライエント自身が対応方法を決めて問題解決ができると考えるカウンセリン
グです。アメリカの**ウィリアムソン**(1900-79)が実践した方法です。

2）非指示的カウンセリング
　カウンセラーはクライエントの話を傾聴し、その考えや気持ちをあるがま
まに理解しようと努めるカウンセリングです。クライエントが制約なしに話
をすることで感情を解放し、自分の感情や行動を洞察することを助けること
を目指します。
　ロジャーズが1940年代に提唱しました。1950年代には**クライエント（来
談者）中心カウンセリング**とされるようになりました。

3）折衷的カウンセリング
　特定の理論や方法にこだわらずに、相談内容や経過に応じて、適宜有効と
思われる理論や方法を応用して効果を高めようとする考え方や方法です。
　例えば、アメリカの**アイビィ**(1933-)らが1960年代後半に開発した**マイク**

ロカウンセリングがあります。これは、既存のカウンセリングなどから編み出された技法をヒエラルキー（階層表）にまとめて、1つずつ系統的に訓練を受けて実践していくものです。

4）ピアカウンセリング

　ピアとは仲間という意味です。クライエントと同様の問題や悩みを経験した人が相談に応じる方法です。長所は、プロのカウンセラーに比べて共感の度合いが高まることです。短所は、問題を客観視することが難しいことです。

15.3 心理療法

（1）心理療法とは

　心理学の理論、原理、研究知見をもとに、援助者であるセラピストが被援助者であるクライエントの感情、思考、行動に変化を起こし、苦痛や問題の軽減を目指す援助方法です。援助の対象は、個人、夫婦、家族、小集団です。援助方法は、対話を中心に進められることが多いのですが、非言語的な表現方法を取り扱うこともあります。

　心理的問題のとらえ方や重視するものなどの違いによって、複数の理論に分かれています。

（2）代表的な理論

1）精神分析学

　フロイトが創始した理論で、クライエントの無意識と乳幼児期の親子関係を重視します。自由連想や夢分析などの技法を用いてこれらを明らかにすることで、心の問題の解決・治療を目指します。

2）行動療法

　学習理論（第2章参照）に基づいてクライエントの行動を変容させ、問題や症状の改善を目指す理論と技法の総称です。技法には、**古典的条件づけ**を

応用した系統的脱感作や曝露法、**オペラント条件づけ**を応用したトークンエコノミーや応用行動分析などがあります。さらに、**観察学習**を応用したロールプレイなどもあります。

3）クライエント中心療法

ロジャーズの理論に基づく心理療法です。心の問題（不適応状態）は、自己概念（自分の考え方）と経験の矛盾を意識に取り入れられず、やり方がパターン化することによって起こると考えました。

なお、ロジャーズの共同研究者である、アメリカの**ジェンドリン**(1926-)は、身体の感覚に注意を向けて言語化する**フォーカシング**を提唱しました。

4）認知行動療法

行動療法と認知療法に基づく心理療法です。状況に応じて様々な介入を行い、クライエントの認知を変容させて問題や症状の解決を目指します。認知療法は、アメリカの**エリス**(1913-2007)による論理療法や、**ベック**(1921-)のうつ病の治療などが基になっています。

5）交流分析

アメリカの精神科医**バーン**(1910-70)が提唱したものです。精神分析学を出発点に、個人の思考や感情、他者との交流のパターンの分析や理解を目指します。**エゴグラム**は交流分析に基づく心理検査です（第 10 章参照）。

6）ゲシュタルト療法

精神科医**パールズ**(1893-1970，ドイツ出身)が提唱しました。個人のパーソナリティの断片的部分に気づいて、それらを 1 つの全体として統合することを目指します。「今ここで」の体験を重視します。

（3）非言語的な技法
1）遊戯療法
　遊びを利用した心理療法です。遊びにより、不安や不満の解消、感情調整や現実への対処法などを体験します。遊戯療法は様々な理論的背景に基づいて行われています。例えば、**アンナ・フロイト**や**クライン**などの**精神分析学**によるものや、アメリカの**アクスライン**(1911-88)のクライエント中心療法によるものなどがあります。

2）箱庭療法
　イギリスの**ローエンフェルド**(1890-1973)の世界療法を基礎に、スイスの**カルフ**(1904-90)が発展させた技法です。砂が入った箱の中にミニチュアを配置して世界を作ります。この自由な表現活動で自己治癒力を高めたり、内面が見えてきたりします。

（4）集団で行う方法
1）心理劇
　モレノ(1889-1974)が提唱した、演劇の形式を用いた集団精神療法です。筋書きは決まっておらず、参加者が即興的・自発的に劇を進めていきます。役割を演じることで、アセスメントや治療の効果があるとされています。

2）構成的エンカウンターグループ
　エンカウンターグループは、本音の交流を持つために一定期間（数時間から数週間）維持されるグループです。大きな心理的問題を持たない人々を対象に、参加者の人間的成長やコミュニケーションの改善を目指します。
　セッションで何をやるかを決めていないやり方（例：**ロジャーズの実践**）や、あらかじめ課題を決めておくやり方があります。後者を**構成的グループエンカウンター**といい、リーダーが提示する課題に段階的に取り組んでいきます。例えば、学校の学級活動などで行われ、学級のまとまりや人間関係をよくすることを目指します。

文献

American Psychiatric Association（高橋三郎・大野裕監訳）2014　DSM-5 精神疾患の診断・統計マニュアル　医学書院

土居健郎　2002　口唇性格　小此木啓吾編集代表　精神分析事典　岩崎学術出版社, p.132.

Ebbinghaus, H.（宇津木保訳）1978　記憶について　誠信書房

Erikson, E. H.（仁科弥生訳）1977　幼児期と社会　みすず書房

Erikson, E. H. & Erikson, J. M.（村瀬孝雄・近藤邦夫訳）2001　ライフサイクル、その完結＜増補版＞　みすず書房

藤井輝男　1994　感覚記憶　重野純編　キーワードコレクション心理学　新曜社, pp.194-197.

福田幸男　1991　動機づけ　福田幸男編著　新訂増補心理学　川島書店, pp.129-147.

麓信義　2014　運動学習　下山晴彦編集代表　誠信心理学辞典［新版］　誠信書房, pp.96-98.

Havighurst, R. J.（荘司雅子監訳）1995　人間の発達課題と教育　玉川大学出版部

袴田俊一　1987　防衛機制　篠置昭男・中西信男・関崎一・松浦宏編著　1987　看護のための心理学　福村出版, pp.87-90.

箱田裕司　2010　長期記憶　箱田裕司・都築誉史・川畑秀明・萩原滋　認知心理学　有斐閣, pp.119-140.

浜村良久　1994a　強化スケジュール　重野純編　キーワードコレクション心理学　新曜社, pp.150-151.

浜村良久　1994b　フラストレーション　重野純編　キーワードコレクション心理学　新曜社, pp.222-225.

繁多進　1987　愛着の発達（現代心理学ブックス78）大日本図書

原田悦子　2013　プライミング効果　藤永保監修　最新心理学事典　平凡社, pp.672-673.

林洋一・榎本博明編著　1986　現代心理学　北大路書房

池田浩　2021　公式集団／非公式集団　子安増生・丹野義彦・箱田裕司　有斐閣現代心理学辞典　有斐閣, p.219.

今泉信人　1991　人間主義的アプローチ　山本多喜司監修　発達心理学用語辞典　北大路書房, p.236.

今西一実　1978　学級集団の発達・構造化プロセス　西山啓・山内光哉監修　目で見る教育心理学　ナカニシヤ出版, p.145.

漁田武雄　1991　記憶　福田幸男編著　新訂増補心理学　川島書店, pp.107-128.

Jung, C. G.（小川捷之訳）1976　分析心理学　みすず書房

鎌原雅彦・竹綱誠一郎　2012　やさしい教育心理学【第3版】　有斐閣

唐沢穣　2021a　内集団／外集団　子安増生・丹野義彦・箱田裕司　有斐閣現代心理学辞典　有斐閣, pp.578-579.

唐沢穣　2021b　内集団びいき　子安増生・丹野義彦・箱田裕司　有斐閣現代心理学辞典　有
　斐閣, p.579.

橘川真彦　2001　どこまで大きくなるの－運動能力と身体の発達－　高野清純監修　図で
　読む心理学発達【改訂版】　福村出版, pp.37-48.

木下孝司　2021a　発達課題　子安増生・丹野義彦・箱田裕司監修　有斐閣現代心理学辞典
　有斐閣, p.622.

木下孝司　2021b　発達の最近接領域　子安増生・丹野義彦・箱田裕司監修　有斐閣現代心
　理学辞典　有斐閣, p.625.

小泉令三　1991　発達　山本多喜司監修　発達心理学用語辞典　北大路書房, p.249.

小林朋佳・稲垣真澄　2011　精神遅滞　母子保健情報　63, pp.16-19.

今野喜清・新井郁男・児島邦弘編　2003　新版学校教育事典　教育出版

子安増生　2021　形式的操作期　子安増生・丹野義彦・箱田裕司監修　有斐閣現代心理学辞
　典　有斐閣, p.188.

Kretschmer, E.（相場均訳）1971　体格と性格　文光堂

桑原斉　2021　発達障害　子安増生・丹野義彦・箱田裕司監修　有斐閣現代心理学辞典　有
　斐閣, pp.622-623.

前田重治　1985　図説臨床精神分析学　誠信書房

真島真理　2001　親子関係とは－愛着と養育態度　川島一夫編著　図でよむ心理学　発達
　【改訂版】　福村出版, pp.85-94.

Maslow, A. H.（小口忠彦訳）1971　人間性心理学　産業能率大学出版部

松永しのぶ　2014　発達障害　下山晴彦編集代表　2014　誠信心理学辞典［新版］　誠信書
　房, pp.428-430.

満岡義敬　2002　男根期　小此木啓吾編集代表　精神分析事典　岩崎学術出版社,
　pp.328-329.

宮城音弥　1960　性格　岩波書店

文部科学省　2021　特別支援教育行政の現状及び令和3年度事業について

森和代　1997　愛着と親子関係　新井邦二郎編著　図でわかる発達心理学　福村出版,
　pp.35-46.

毛利伊吹　2015　発達に関する障害の理解と支援　丹野義彦・石垣琢麿・毛利伊吹・佐々木
　淳・杉山明子　臨床心理学　有斐閣, pp.585-624.

永江誠司　1991　発達の原理　山本多喜司監修　発達心理学用語辞典　北大路書房,
　pp.254-255.

中村俊哉　2002　肛門性格　小此木啓吾編集代表　精神分析事典　岩崎学術出版社, p.138.

Newman, B. M. & Newman, p. R.（福富護訳）1988　新版生涯発達心理学　川島書店

Saito et al. 2020 Prevalence and cumulative incidence of autism spectrum disorders and the
　patterns of co-occurring neurodevelopmental disorders in a total population sample of
　5-year-old children Molecular Autism https://doi.org/10.1186/s13229-020-00342-5（2021年
　8月30日閲覧）

桜井芳雄　1991　学習　福田幸男編著　新訂増補心理学　川島書店, pp.87-106.

外林大作・辻正三・島津一夫・能見義博編　1981　誠信心理学辞典　誠信書房

杉山明子　2015　精神分析パラダイム／精神分析療法　丹野義彦・石垣琢麿・毛利伊吹・佐々木淳・杉山明子　臨床心理学　有斐閣, pp.157-187.

高木秀明　1991　性格　福田幸男編著　新訂増補心理学　川島書店, pp.187-214.

高木秀明　2019　挫折を乗り越える鍵　高木秀明監修　挫折を乗り越える心理学―青年期の挫折を乗り越えるための心の作業とその支援―　福村出版, pp.12-25.

丹野義彦　2015　個人差　鹿取廣人・杉本敏夫・鳥居修晃　心理学［第5版］　東京大学出版会, pp.235-263.

辰野千寿・高野清純・加藤隆勝・福沢周亮編　1986　多項目教育心理学辞典　教育出版

東條吉邦　2021a　自閉症　子安増生・丹野義彦・箱田裕司監修　有斐閣現代心理学辞典　有斐閣, p.327.

東條吉邦　2021b　注意欠如・多動症　子安増生・丹野義彦・箱田裕司監修　有斐閣現代心理学辞典　有斐閣, pp.519-520.

梅田聡　2013　展望記憶　日本認知心理学会編　認知心理学ハンドブック　有斐閣, pp.140-141.

内山登紀夫監修　2019　あの子の発達障害がわかる本②　ちょっとふしぎ学習障害LDのおともだち　ミネルヴァ書房

渡辺正孝　1994a　記銘と保持　重野純編　キーワードコレクション心理学　新曜社, pp.172-175.

渡辺正孝　1994b　記憶の変容　重野純編　キーワードコレクション心理学　新曜社, pp.184-187.

山田冨美雄　2013　驚き　藤永保監修　最新心理学事典　平凡社, p.45.

山内光哉編　発達心理学　上［第2版］　1998　―周産・新生児・乳児・幼児・児童期　ナカニシヤ出版

山崎由美子　2014　概念学習・関係学習　下山晴彦編集代表　誠信心理学辞典［新版］　誠信書房, pp.91-93.

吉村英　2004a　ソシオメトリー　氏原寛・亀口憲治・成田善弘・東山紘久・山中康裕編　心理臨床大事典【改訂版】　培風館, pp.580-582.

吉村英　2004b　ゲス・フー・テスト　氏原寛・亀口憲治・成田善弘・東山紘久・山中康裕編　心理臨床大事典【改訂版】　培風館, pp.579-580.

索引

著者略歴

橋本 和幸（はしもと かずゆき）

2000 年　横浜国立大学教育学部卒業

2002 年　横浜国立大学大学院教育学研究科修了

地方自治体のスクールカウンセラー、教育相談センター教育相談嘱託員、了徳寺大学教養教育センター助教等を経て、

2016 年　東京学芸大学大学院連合学校教育学研究科修了

現在、了徳寺大学教養部准教授　博士（教育学）　臨床心理士　公認心理師

専門は、臨床心理学、教育心理学（特に、スクールカウンセリングや学生相談について）

近書

「挫折と向き合う心理学－青年期の挫折を乗り越えるための心の作業とその支援－」（福村出版、共編著）

「相談・指導のための面接技法」（ムイスリ出版、単著）

「心理学ことはじめ【第 2 版】－教養と対人支援のための 12 章－」（ムイスリ出版、単著）

2021 年 10 月 26 日　　　　初 版　第 1 刷発行

教育心理学メモランダム

著　者　橋本和幸　©2021

発行者　橋本豪夫

発行所　ムイスリ出版株式会社

〒169-0075
東京都新宿区高田馬場 4-2-9
Tel.03-3362-9241(代表)　Fax.03-3362-9145
振替　00110-2-102907

ISBN978-4-89641-308-3　C3011